KB262670

한국사회의

- 지방대 여학생을 중심으로 -

취업장벽

한국사회의

- 지방대 여학생을 중심으로 -

취업장벽

안수영 지음

한국학술정보㈜

이 책은 자신이 가지고 있는 가능성의 날개를 쉽게 접고 많은 꿈을 꾸지 못하는 주변의 여학생들을 지켜보면서 시작되었다. 지방대 여학생의 취업준비 노력이 왜 좋은 일자리 취업으로 연결되기 어렵고 그들은 왜 채용시장에서 주변부에 위치하는지에 대한 관심을 연구 문제로 발전시켰다. 오늘날 많은 취업 서적들이 출간되고 있고 각각은 실용서, 취업지침서, 대학교재로서 나름의 유용성을 갖는다. 하지만 지방대 여학생의 취업문제를 직업사회학적으로 논의한 연구는 거의 일천한 것이 현실이다. 필자는 지방대 여학생 취업을 주제로 박사학위논문을 썼고 청년 취업과 관련된 우리사회의 논의와 쟁점들을 주의 깊게 지켜보면서 학위논문을 보완하여 책을 내게 되었다.

대학생들은 입학과 함께 취업을 걱정하고 수요자(기업)의 눈높이를 맞추기 위해 치열하게 취업을 준비한다. 많은 대학에서는 커리어개발, 직업탐색, 취업전략 과목들이 개설되어 학생들의 취업을 돕고 있고 취업률은 대학의 명성과 경쟁력을 보여 주는 가늠자로 신입생 모집과도 연결되어 오늘날 가장 주목받고 있다. 정부는 대학을 주요 실행기관으로 여대생 취업지원 사업을 수행하고 있고 노동시장 안팎에서 차별해소를 위한 노력을 진행시켜 왔다. 그 결과, 현재는 지방대 여학생의 취업문제가 단순히 경제회복 또는 경제성장만으로 해결되지 않는 특수한 문제라는 인식과 동의가 어느 정도 형성되기 시작하였다. 이 책은 지방대 여학생들이 어떻게 취업을 준비하고 그들이 경험하는 취업 문턱의 높낮이가 어떻게 변화하는지를 직업사회학의 관점에서 설명하고 이해하였다. 지방대 여학생의 취업준비 특성을 파악하고 이들의 취업을 어렵게 하는 요인이 무엇인지 그리고 지방대 여학생들은 취업장벽에 어떻게 적응해 나가는지를 취업준비와 관련지어 설명하고 대학의 취업지원과 정부의 여대생 취업정책을 살펴보았다. 필자는 지방대 여학생이 취업현장에서 역동적으로 진화하여 자신의 일을 찾고 기업, 대학, 정부 모두가 그 길을 큰 걸음으로 함께하길 바란다.

책을 준비하기 위해 새털 같은 봄날부터 서늘한 바람이 부는 겨울까지 분주하게 보냈다. 막상 글을 완성하고 보니 취업을 준비하는 지방대 여학생의 취업준비 과정의 다양한 층과 결을 선명하게 짚어

내지 못했다는 아쉬움이 남는다. 남아 있는 과제들은 앞으로 시간과 노력을 쌓는 성실함으로 메워 가겠다.

부모님께 존경한다는 말씀을 드리고 싶다. 그리고 제가 가진 역량을 닦아 발휘할 수 있도록 응원해 주신 사회학과 교수님들과 선후배들께 고마움을 전한다. 이 책에서 담지 못한 부분은 향후 관련 연구들에 의해 보완되기를 기대한다. 출판할 수 있는 좋은 기회를 주시고 글을 보듬어서 책으로 만들어 주신 한국학술정보(주) 직원 여러분들에게 감사드린다.

2010년 1월
안수영

목차

제1장 문제인식

1. 지방대 여학생의 취업문제는 어떠한 특성이 있는가

최근 우리나라 노동시장에서 특히 주목되는 현상 가운데 하나는 고학력 청년실업률이 높다는 것이다. 고학력 청년실업과 취업의 문제는 고용 없는 성장으로 대표되는 산업구조의 변화, 채용시장에서의 경력직 채용 확대 등 노동시장의 구조적 변화에 따른 것으로 경기가 회복되더라도 쉽게 해결되기 어려울 것으로 전망된다. 청년층의 고용은 저성장과 산업구조의 고도화, 대기업의 채용규모 축소 등으로 인해 지속적으로 감소하고 경력직 선호현상은 경력 면에서 불리한 신규 대졸 청년층의 좋은 일자리 취업을 갈수록 어렵게 한다. 또한 기업들의 비정규직 선호경향도 뚜렷해지고 있는데 비정규직을 주로 경력직보다는 대졸 신입사원으로 채우는 경향이 있어 대학 졸업생들의 취업은 양적으로나 질적으로나 우려되는 상황에 직면해 있다(양희승, 2004). 이러한 노동시장의 구조적 변화와 기업의 채용방식 변화는 현재 지방대학에 재학 중인, 그리고 대학을 졸업하는 여대생의 취업에 많은 영향을 미치고 있다.

대학 졸업 직후 학생들의 취업을 어렵게 만드는 원인은 여러 가지가 있다. 경제위기 이래 지속되어 온 경기불황으로 대졸자의 일자리가 충분하지 않고 인력 수요자인 기업은 대졸자의 취업능력에 만족하지 못한다. 개인의 수준에서는 대졸자들의 취업에 대한 태도도 한 원인이 된다.

그런데 지방대 여학생의 경우 위에서 열거한 원인에 더하여 성별요인과 지방대요인이 함께 관련되어 있다. 지방대 여학생의 취업문제는 청년취업과 실업의 다양한 측면을 담고 있으면서 동시에 신입사원 모집과 채용 과정에서 외부로 잘 드러나지 않는 젠더에 대한 고정관념과 지방대 출신이라는 꼬리표가 중층적으로 결합되어 있다. 지방대 여학생의 취업은 젠더와 지역이라는 두 가지 차원이 교차하는 접점으로 풍부한 직업사회학적 상상력과 설명력을 갖는다. 따라서 지방대 여학생의 취업문제를 다룰 때는 젠더와 지역이라는 두 가지 요소 모두 노동시장 진입에 긍정적이거나 적극적인 채용기제로 작용하지 않고 있음을 고려해야 한다.

경제위기와 최근 세계경제 침체 속에서 심화된 청년 취업난은 고학력 여성, 특히 신규 대졸 여성들의 취업률과 취업의 질에 많은 영향을 미쳤다(조영복·곽선화, 2000; 김현진, 2006). 많은 여학생들은 자신의 교육수준이나 적성에 맞지 않는 하향취업, 비경제활동인구로의 유입, 실망실업이라는 선택을 하고 있다(손승영·조정아, 1993; 민무숙, 1996; 진수희, 1998; 주경미, 2000; 최바울·김성환, 2003). 4년제 일반대학을 졸업한 여학생의 신규 취업률은 점차 높아지고 있으나 학력계층별 취업률은 고등학교 또는 전문대학을 졸업한 여학생들의 취업률에 비해 낮다. 게다가 대졸 여학생의 정규직 취업률과 전공 분야 취업률은 남학생과 10% 내외의 차이를 보이고 임금 수준은 대졸 남성의 60% 중반 수준을 유지하고 있다. 또한 노동시장 입직을 준비하는 지방대 여학생은 대학의 서열구조에 기초한 지방대 차별로 인해 모집과 채용단계에서 공정한 취업경쟁 기회를 갖기 어렵다. 취업준비 과정에서 지방대 여학생은 자신의 젠더와 지방대 출신이라는 요인이 직업탐색과 노동시장 이행에서 장벽이 되고 있음을 깨닫는다. 우리나라 청년 채용시장에는 크게 성(남성인가 여성인가)과 지역(수도권대학 출신인가 지방대학 출신인가)이라는 두 가지 요인이 유의미하게 작용한다. 지방대 여학생은 채용단계에서 여성인력 채용기피, 지방대학에 대한 낮은 서열평가, 채용상의 묵시적인 차별관행 등으로 심각한 취업난을 겪고 있다. 그럼에도 불구하고 그동안 지방대 여학생의 취업문제는 전체 대졸자의 취업문제 속에 묻혀서 그다지 관심을 끌지 못하였다. 지방대 여학생은 취업준비와 입직단계에서 고학력 청년층이 겪는 청년실업문제뿐 아니라 성별과 지역이라는 이중적 차별구조 안에 놓여 있다.

그런데도 지금까지 지방대 여학생의 취업문제는 문제의 심각성에 비해 상대적으로 소홀히 다루어져 왔다. 왜냐하면 기존의 여성노동 정책들이 노동시장에 진입한 여성들의 차별과 불평등 문제를 주로 다루었기 때문에 노동시장 입직을 준비하는, 다시 말해 노동시장 진입 이전 단계에 있는 여대생들은 적극적인 정책적 고려의 대상이 되지 못하였다. 특히 지방대학에 재학 중인 여학생들에 대한 정책적 관심은 매우 미흡하다. 이런 점들을 고려해 볼 때, 지방대 여학생의 취업준비와 취업장벽에 대한 탐구는 중요한 의미를 갖는다.

여대생 취업문제가 정부 및 지방자치단체의 정책 대상으로 주목받기 시작한 것은 2000년 이후부터이다. 이러한 움직임은 청년여성층의 고학력화, 취업에 대한 태도 변화, 국가 및 지역의 경제적 필요가 맞물리면서 본격적으로 대두되었다. 이 시기부터 여대생들을 여성 취업정책의 한 집단으로 상정하고 그들이 대학 재학 중에 어떻게 커리어를 개발하고 취업역량을 향상시키며 궁극적으로 어떻게 취업으로 연계시킬 것인지에 대해 정책적 관심을 두기 시작하였다. 경제위기 이후 지속되고 있는 그리고 글로벌 경기침체에 따른 고용사정 악화로 청년여성의 취업문제는 정부뿐 아니라 지방자치단체도 지역의 주요 현안으로 인식하면서 지역 여대생의 취업준비를 돕고 취업률을 높이기 위한 각종 지원방안과 프로그램을 마련하기 시작하였다.

지방대 여학생의 취업문제는 '차이와 차별'이 혼재되어 있다. 인적 자본론이 노동 공급 측면에서 차이를 설명한다면 통계적 차별은 노동수요자에 의해 채용과 선발단계에 개입하는 차별을 그리고 노동시장분절론은 노동시장 분절구조에 의해 만들어지는 간접차별 또는 체계적 차별 같은 구조적인 요인에 주목한다. 물론 지방대 여학생의 취업문제에는 인적 자본의 차이가 반영된 부분이 분명히 존재한다. 우수 학생의 서울집중, 취업자본의 수도권 밀집 등으로 대학 간 질적 수준의 차이가 존재하는 상황에서 대학교육을 통해 축적한 인적 자본의 양과 질은 어느 대학을 졸업했느냐에 따라 상이할 수 있다(오호영, 2006). 뿐만 아니라 지원자 모두에게 비교적 공정한 채용규칙이 적용되는 교사, 공무원 분야의 입직 경쟁에서도 지방대 여학생이 차별받는다고 설명하는 것은 지나친 논리의 비약이다. 그렇지만 우리는 이제 노동수요 측면에서 입직 출발선에 서 있는 학생들의 자질과 능력을 공정하게 평가하고 있는지 그리고 채용과정에서 성별과 출신대학에 따른 차이를 차별로 확대하여 일반화시키지 않는지를 면밀히 살펴야 한다.

2. 우리나라 채용의 현실

<그림 1>은 지방대 여학생이 취업을 준비하면서 직면하게 되는 노동시장 장벽과 채용의 선호기제를 도식화한 것으로 지방대 여학생이 신규 대졸 청년채용시장에서 어떤 기제에 의해 주변화되고 선택되는지를 나타낸다.

<그림 1> 노동시장 장벽과 채용기제

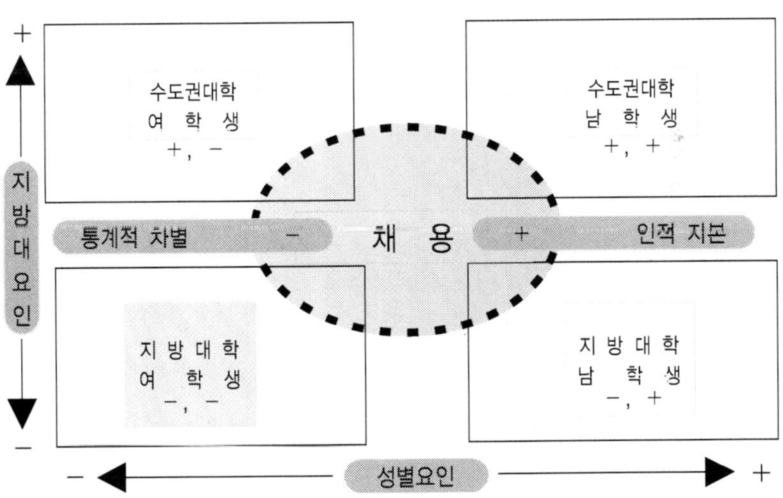

주: 채용기제 +: (선호요인), -: (차별요인)

지방대 여학생은 노동시장 진입단계에서 노동시장 분절과 통계적 차별에 의해 '여성'과 '지방대학 출신'이라는 인력특성 모두가 채용에서 비선호요인으로 작용하게 된다. 그러므로 지방대 여학생의 인적 자본 축적 노력은 종종 희망 일자리 취업으로 연결되지 못하는 결과를 낳곤 한다.

이것은 지방대 여학생이 개인적인 취업준비 노력만으로는 취업에 성공하기 힘든 구조적인 문제가 청년 채용시장 입직단계에 존재한다는 것을 말해 준다. 여성과 지방대 출신이라는 배경은 개인의 고정자산으로 적극적인 취업동기, 철저한 취업준비 노력 등 인적 자본의 축적만으로 바꿀 수 없거나 바꾸기 어렵다. 따라서 여성, 지방대 두 가지 요인은 대졸 신규직원 채용경쟁에서 능력이나 실력 못지않게 선발의 중요한 변수로 작용한다.

지방대 여학생이 노동시장 입직에 이르는 과정에는 개인의 취업준비, 대학의 취업지원, 정부의 취업정책과 함께 취업장벽이 존재한다. 그리고 각 부문은 서로가 서로를 규정하면서 동시에 유기적인 순환관계에 있다. 결국 지방대 여학생의 취업과정은 대학, 정부의 유기적인 상호작용을 통해 취업장벽을 해소하는 선순환 구조(positive cycle)를 지향해야 한다.

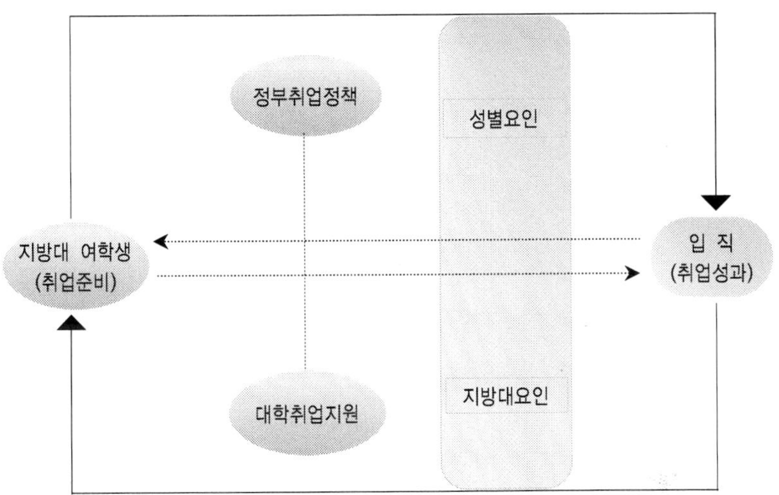

〈그림 2〉 지방대 여학생의 취업과정

지방대 여학생들은 대학의 취업지원이 자신의 취업준비에 구체적이고 실질적인 도움을 줄 수 있을 거라는 기대가 크지 않고 공무원 등으로 취업 분야가 한정되어 있어 대체적으로 취업기관을 활용할 필요성에 대해 소극적으로 동의하는 수준에 머무르고 있다. 그리고 취업인프라의 수도권(서울) 집중은 지방대 여학생의 취업준비에 많은 제약을 따르게 한다. 따라서 지방대 여학생의 취업특성이 반영된 대학과 정부의 취업지원 프로그램 마련을 통한 지방내 여학생의 취업문제 해법을 찾는 접근이 필요하다.

정부의 고학력 청년여성 취업정책은 정부가 지방대 여학생의 노동시장 입직을 어떤 방식으로 도울 것인지가 핵심적인 쟁점이다. 취업정책의 성격은 차별 개선과 취업지원으로 요약할 수 있다. 그동안 차별 개선은 법률과 정책담당기구 수립 등의 방향에서 접근해 왔고 취업지원은 여대생의 경제활동 제고와 취업능력 개발에 중점을 두고 진행되었다.

지방대 여학생이 취업을 준비하면서 부딪히게 되는 취업장벽에 대해 살펴보면 성별요인은 지방대 여학생들에게 가해지는 취업기회와 취업결과의 불균등과 차별적 고용관행 문제를 여성의 생애주기와 성차별적 채용기제, 기업의 여성인력 채용기피를 중심으로 설명하고 지방대요인은 우리 사회 대학 서열화와 학벌기제를 통해 논의한다.

그러나 취업장벽의 영향력은 고정불변의 절대적인 것이라기보다는 상대적이며 유동적인 것이다. 개인의 취업준비, 대학 및 정부의 취업지원 정책과 사업, 기업의 인력채용방식 또는 채용업종의 특성 등에 의해서 장벽의 높낮이는 낮아지기도 때로 없어지기도 한다.

이와 같은 문제의식에서 출발한 이 글은 지방대에 재학 중인 여학생 집단에 초점을 두고 지방대 여학생이 학교에서 직장(School to Work)으로 이행하기 위한 취업준비와 그 과정에서 직면하게 되는 취업 장애요인을 설명한다. 그리고 지방대 여학생들이 취업장벽에 어떻게 적응하고 대학과 정부가 지방대 여학생의 취업문제 해결을 위해 어떤 지원방안을 마련하고 있는지를 살펴본다.

이 글에서는 크게 다음과 같은 내용들을 다룬다. 첫째, 지방대 여학생이 졸업 후 입직하게 되는 노동시장 상황을 이해하기 위해 대졸 여성의 경제활동상태와 취업구조를 통계자료를 활용하여 이해한다. 둘째, 청년패널 데이터 분석을 통해 지방대 여학생의 취업준비특성과 여성직업활동인식을 파악한다. 셋째, 성별요인과 지방대요인으로 대표되는 취업장벽이 지방대 여학생의 취업에 어떤 영향을 미치는지를 살피고 동시에 지방대 여학생이 취업장벽에 어떻게 적응하는지를 알아본다. 넷째, 대학과 정부에서 수행하고 있는 지방대 여학생의 취업정책과 주요사업을 살피고 문제점을 짚어 대안을 제시한다.

3. 접근방법에 관한 일러두기

이 글은 지방대 여학생의 취업문제를 논의하기 위해 지방대학에 재학 중인 여학생, 지방대를 졸업한 청년여성 취업자와 미취업자, 기업인사담당자를 심층 면접하였고 청년패널 데이터를 분석하여 지방대 여학생의 취업준비 실태와 여성직업활동인식을 성별, 대학 소재지별로 비교하여 설명하였다.

통계자료의 시간적 추적은 1990년에서 2009년까지의 기간을 5년 단위로 살펴보았고 IMF 경제위기 직후 노동시장 변화를 반영한 1998 년 자료를 포함하였다. 1998년은 경제위기 직후 우리 사회 노동시장 의 질적 변화와 함께 청년 노동시장에 상당한 영향을 가져왔다는 데 서 살펴볼 필요가 있다고 판단하였다. 통계자료 검토 시점은 지방대 여학생의 취업활동에 대한 연구가 1990년대 초반에 시작되었고 1995 년을 기점으로 고등교육기관 진학률이 50%를 넘어 청년층의 고학력 화가 본격적으로 진행되었다는 점을 고려하여 정하였다. 한편 교육제 도 변화 등을 고려하여 1980년부터 통계자료를 추적한 경우도 다수 있고 통계자료의 생산단위가 4년 주기 또는 세부항목의 공표 시기 등의 변화를 고려하여 통계자료를 구성하였다.

청년패널 데이터의 선정과 내용은 2005년 청년패널[1] 개인용 설문유형 <대학생 및 대학원생> 데이터 중에서 '4년제 대학생' 자료만을 표본추출하여 사용하였다. 청년패널 조사는 만 15～29세 청년층에 초점을 맞춘 개인 단위의 조사로 데이터는 청년층의 노동시장 진입준비과정(취업준비 등)과 청년층 노동시장 초기 진입 상태 및 이동(career path)에 관한 정보를 담고 있다.

이 글에서는 4년제 대학생들의 ① 취업준비(직업선택기준, 직업탐색과 취업준비 관련 문항), ② 여성직업활동인식에 관한 설문문항을 분석자료로 사용하였다. 왜냐하면 대학생들의 취업준비와 여성직업활동에 관한 문항은 지방대 여학생이 직업을 선택할 때 무엇을 중요하게 고려하는지 그리고 취업을 위해 어떤 준비를 하며 여성의 직업활동에 대해서 어떻게 생각하는지를 파악하는 데 유용한 자료이기 때문이다.

심층 면접 대상자는 충청권, 호남권, 영남권 3개 지역 국·사립 13개 4년제 지방대학에 재학 중인 여학생 중에서 졸업 후 진로를 취업으로 정한 여학생(주요대상)과 지방대학을 졸업한 청년여성 취업자와 미취업자(비교집단)[2]이다. 그리고 기업의 채용과정, 즉 선발

---

1) ① 청년패널 조사는 2001년 한국고용정보원(구: 중앙고용정보원)의 산업·직업별 고용구조 조사(WIC－OES)의 부가조사 형태로 처음 실시되었다. 연간 1회 청년층의 학교생활, 직장경험, 직업관, 향후 진로, 직업교육훈련, 구직활동, 가정배경 등에 관하여 추적하는 종단면조사이다. 2001년 당시 만 15～29세의 청년층에 대한 예비조사를 거쳐 2001년 8,296명의 패널을 구축하였고 시간 경과에 따른 패널 탈락자의 발생으로 표본 수는 2002년 5,956명, 2003년 5,112명, 2004년 5,001명, 2005년 4,769명, 2006년 4,513명에 대한 자료가 구축되었다. 2007년부터는 새로이 2차 청년패널(YP 2007)을 모집하여 조사를 진행하고 있다.
② 청년패널 조사의 설문지 구성은 가구용 설문지와 개인용 설문지로 나누어져 있고 개인용 설문지는 패널대상자의 경제활동상태에 따라 중·고등학생용 설문지, 대학생 및 대학원생 설문지, 취업자용 설문지, 미취업자용 설문지로 나뉜다.
2) 청년여성 취업자와 미취업자를 심층 면접한 이유는 취업준비 혹은 취업장벽에 대한 인식이 졸업 전후에 어떻게 변화하는지를 알아보기 위해 그리고 졸업 후 여대생들이 진입하게 되는 노동시장에 대한 사전적(事前的) 이해를 위해서이다.

과 모집단계에서 지방대학 여학생들에 대한 기업 인식의 면면을 파악하기 위해 기업의 인사담당자를 인터뷰하였다.[3]

재학생 및 졸업생(청년여성 취업자, 미취업자)의 면접 질문지 내용은 크게 세 부분으로 구성된다.

<표 1> 심층 면접 질문지 내용

대상자	구분		세부항목
여학생/ 졸업생	취업준비 실태	직업선택	전공 선택이유 취업목적 역할모델 직업선택시 중요 고려사항 취업희망직업과 지역 전공만족도와 전공일치취업 중소기업 취업 공무원 시험준비
		취업준비활동	취업준비 여부와 취업분야 취업준비시기 취업준비방법 취업준비과정에서 겪는 어려움 취업정보수집 구직방법과 활동정도 졸업 후 장기 미취업시 계획 취업눈높이 조정
	취업장벽과 적응방식	성별요인	여성의 생애주기 성별 간 취업준비 차이 취업기회의 균등 여부
		지방대요인	대학 서열화 학벌기제 취업장벽 경험 여부
		장벽 적응방식	차선적 선택 낮은 취업목표 설정 취업준비분야 한정

---

3) 면접대상자는 지방대 여학생 29명, 지방대졸 청년여성 취업자 7명, 지방대졸 청년여성 미취업자 4명, 기업인사담당자 3명으로 총 43명이다.

대상자	구분		세 부 항 목
여학생/ 졸업생	취업대책	대학의 취업지원	특화된 취업지원프로그램의 필요성 대학 취업지원기관 이용실태 취업지원프로그램의 효과
		정부의 취업정책	정부 취업지원의 문제점과 개선방안 지방대 차별개선 대책의 실효성
기업인사 담당자	채용공고		채용공고 형태
	채용방식		채용인력에 대한 제한 및 우대사항 명시 여부
	채용과정		열린 채용 실시 여부 및 계획
	채용기준		수시채용과 정기공채의 비중
	여성인력 채용시 고려사항		채용시 중요 고려사항

첫째, 지방대 여학생의 취업준비 실태를 살핀다. 지방대 여학생이 구체적으로 어떻게 취업을 준비하고 있는지 그 현황을 알아보기 위해 면접내용을 직업선택과 취업준비활동 두 부분으로 나누어 세부문항을 구성하였다. 둘째, 지방대 여학생의 취업장벽인 성별요인과 지방대요인 그리고 여학생이 장벽요인에 어떻게 적응하고 있는지에 관해 질문하였다. 셋째, 취업대책에서는 대학의 취업지원활동과 정부의 취업정책에 대한 지방대 여학생의 생각과 문제점 및 개선방안을 질문으로 담았다.

기업인사담당자 면접 질문지는 기업의 대졸 신규직원 모집과 선발에 관한 내용을 채용공고, 채용방식, 채용과정, 채용기준, 여성인력 채용시 고려사항으로 구성하였다.

여기에 더하여 인터넷 취업정보 포털사이트에서 실시한 취업관련 실태조사, 리서치 결과, 취업뉴스, 인터뷰 내용 등을 연구 자료로 활용하였다.

제2장 이론적 분석

지방대 여학생의 취업준비와 취업장벽에 관한 이론적 논의는 관련 선행연구들과 통계적 차별, 인적 자본론, 노동시장분절론을 자원으로 동원하였다. 각각의 이론들이 지방대 여학생의 취업문제에 어떻게 적용되고 어떤 부분을 설명하며 동시에 어떤 부분에서 제한적인지를 탐구하였다.

1. 여대생 취업에 관한 연구들

대졸 여성 또는 대학에 재학 중인 여학생들의 취업준비와 취업장벽에 관한 기존 연구는 다양한 시각에서 접근하고 있고 분석방법과 접근방식에 따라 연구자별로 조금씩 다른 결과를 내놓고 있다. 기존의 관련 논의들은 대체로 문제의 원인을 개인의 취업준비 소홀에서 찾기도 하고 기업의 채용차별을 대학과 정부의 미흡한 지원대책과 연관 짓기도 한다.

지방대학 졸업생의 취업난은 주로 정규직 취업률, 대기업 등 좋은 일자리 취업, 첫 일자리로의 평균 이행기간에서 수도권대학 졸업생과 지방대학 졸업생이 취업의 양적 그리고 질적인 측면에서 격차가 매우 크다는 것이 문제이다(류장수, 2003; 백성준, 2003).

지방대 여학생의 취업준비 특성과 지방대학과 수도권대학 간 취업성과의 차이를 설명하는 본격적인 연구는 1990년대 초반부터 시작되었다.

패널자료를 이용하여 노동시장 차별을 다룬 연구로, 김태은(2003), 최바울·김성환(2003), 김한준(2004), 이병식(2004), 박성재(2005)는 청년패널 데이터 또는 고등교육기관 졸업자 취업통계조사 DB를 이용하여 지방대학과 수도권대학 간의 노동시장 이행실태와 취업성과에서 나타나는 차별을 다루고 있다. 지방대생의 취업률은 수도권대학 졸업생에 비해 5% 정도 낮으며 특히 100대 대기업의 계열별 취업률은 지방대 졸업생이 수도권대학 졸업생과 2~3배의 격차를 보인다. 게다가 지방대학 졸업생은 취업을 하더라도 수도권대학 졸업생에 비해 기업의 규모가 작고 자신의 학력과 적성에 맞지 않는 일자리에 진입하는 비율이 높다. 이처럼 수도권 출신 대학생에 비해 일자리의 낮은 질은 지방대생의 노동시장 입직에 채용장벽을 예상케 하는 대목이다. 또한 박기성(2001)은 한국노동패널(KLIPS) 자료를 활용하여 통계적 차별을 고려한 임금함수를 가지고 출신지역 간, 성별 간 임금격차의 변화를 보고 있다.

청년층의 첫 일자리 취업이행을 다룬 연구로, 김태홍·김종숙(2002)은 한국여성정책연구원의 제4차 여성 취업실태조사의 취업력 자료를 이용하여 여성 청년층의 첫 일자리 진입과 취업이행 형태를 분석하였다. 여성 청년층의 첫 일자리 취업이행에 있어 가장 중요한 요인은 경제상황이며 대졸 여성의 경우 재학 중 자격증 취득이나 취업에 대한 태도보다 전공만족도가 높을수록 취업으로 이행할 확률이 높은 것으로 나타났다. 따라서 여대생의 취업이행을 위해 보다 중요한 것은 전공만족도를 높이는 것이고 여성 청년층에게 제공되는 임시 및 일용직, 무급가족종사자 일자리는 향후 정규직으로 전환할 수 있는 가교가 아니라 불안정한 종사상 지위에 빠질 함정이 될 가능성이 크다고 주장한다. 김준영·전용석(2003)은 첫 직장의 고용형태가 이후 직장의 고용형태에 영향을 미치고 있으며 이전 직장에서의 비정규직 경험은 새로운 직장에서도 비정규직으로 취업할 확률을 높여 기업규모별 이동에서도 청년층이 직장이동을 통해 노동시장의 성과를 개선하지 못하고 있음을 밝히고 있다.

지방대 졸업생의 대기업 취업이 어려운 이유는 대기업 인사담당자들이 출신대학과 실질적인 업무수행능력과는 차이가 없다고 인정하면서도 채용시 서울소재 대학 출신자들을 선호하는 인력에 대한 이중적인 선별 태도를 보이는 것에서 비롯된다. 기업인사담당자들은 수도권대학생과 지방대 학생 간에 차이를 보이는 부분이 지방대생의 국제화역량, 개인역량 부족이라고 말한다. 그리고 부족한 부분을 메우기 위해 개인의 자기개발과 함께 대학의 자구노력, 정부의 수요 진작책이 필요하다고 주장한다(정동섭·강인철, 2007).

1990년대부터 본격화된 여대생의 취업의식과 취업준비에 관한 초기 연구들은 대졸 여성 취업문제를 여성의 직업의식이나 취업준비 부족 등 개인적인 차원에 주목하여 문제의 원인과 해결책을 찾는 경향이 주를 이루었다. 정윤경(1995)은 대졸 여성의 취업률이 저조한 이유가 여학생의 미흡한 취업준비 때문으로 여학생의 직무

능력이나 직업의식은 남학생과 차이가 없지만 진로준비시기가 늦고 진로준비활동이 미흡하다는 것을 지적하고 있다. Gardecki and Neumark(1998)는 취업준비가 갖는 중요성을 언급하면서 학교 졸업 후 일정기간 동안 안정적인 일자리를 갖는지 여부가 이후 생애기간 동안 받는 임금이나 고용에 긍정적인 영향을 미친다고 보았다. 장하진 외(2000)는 대졸 여대생의 직업의식 실태조사를 통해 직업의식을 개념화하고 직업의식에 영향을 미치는 요인을 분석하였으며 이를 기초로 진로교육 및 취업준비 실태를 분석하였다. 심영희(2000)는 수도권 사립대 여학생을 대상으로 한 조사에서 경기변동과 노동시장의 문제, 기업의 채용관행을 관련시켜 여대생들의 취업의식과 취업준비 현황 및 문제점을 알아보고 대학 취업관련 교육의 효과와 취업을 위한 대학과 학생의 노력을 다루고 있다.

구체적으로 '지방대 여학생'을 대상으로 한 취업의식 및 취업준비를 다룬 연구로, 김금숙(2001)은 대구·경북 소재 경상계열 학과에 재학 중인 여학생들을 대상으로 그리고 박선자 외(2000), 제미경 외(2002), 구명숙 외(2003)는 경남, 부산, 대구 지역 여대생을 대상으로 여학생들의 취업의식, 취업준비 실태, 기업고용관행에 관한 인식을 파악하였다. 이들 연구는 여학생의 취업이나 경력에 대한 동기가 남학생에 비해 약하지 않으며 여학생들이 취업현장에서 겪는 어려움은 사회구조적 요인과 함께 기업의 고학력 여성인력에 대한 차별에서 기인한다는 점을 밝히고 있다. 이러한 요인들이 여학생의 취업동기를 약화시킨다고 보고 고학력 여성 취업활성화 방안으로 여학생의 적극적인 노력, 기업의 채용관행 개선, 대학의 취업프로그램 확충, 정부의 정책적 뒷받침이 필요하다고 주장하고 있다.

안재희(2006)는 수도권대학을 수능점수에 따라 서열화하여 여대생 취업난의 원인을 분석하였다. 대졸 여성은 대졸 남성보다 더 많은 취업준비를 하지만 취업결과에 정(+)적인 영향을 주는 부분에서는 취업준비가 충분하지 않다고 보았다. 즉 여학생들은 취업에 대해 조언해 줄 수 있는 사람들과의 관계형성이 미흡하고 취업관련 활동에 활발히 참여하지 않으며 대학의 여학생에 대한 취업지원체제 또한 충분하지 않아 여대생들은 취업준비와 관련된 제도적 사회자본의 획득이 부족할 수밖에 없다.

제도적 사회자본[4]이란 개인이 특정 대학에 소속됨으로써 그 대학의 구조적 특성과 제도에 배태되어 있는 사람들 간의 관계를 통해서 얻을 수 있는 실제적, 잠재적 자원의 총합을 의미한다. 학교와 같은 제도의 개입이 시장모형의 문제점을 보완할 수 있다는 점에서 청년여성의 취업이행과정에서 제도적 사회자본의 역할이 중요시된다. 개인이 어느 대학에 재학 중인가에 따라 대학이라는 제도를 기반으로 맺어지는 취업 연줄망이나 동문과의 관계망, 학생들의 취업을 지원하는 대학의 취업지원체제, 학생들의 구직환경 등이 차등적이다. 취업에 관련된 제도적 사회자본은 대학의 서열에 따라 차등적으로 분배되어 있는데 학벌에 의한 선점 효과에 의해 명문대학일수록 각종 취업기회 선점이 용이하다. 그리고 상위권 대학 내에서 남학생과 여학생 간에 제도적 사회자본 형성이 차이를 보

---

4) 사회적 자본은 사회관계 속에서 개인이 가지고 있는 관계망과 집단 소속이 해당 당사자에게 주는 다양한 사회적 기회자원을 총칭한다(김상준, 2004: 69). 취업과정에서 동원되는 사회자본은 개인적 사회자본과 제도적 사회자본으로 구분된다. 개인적 사회자본은 부모, 형제, 친인척 등 비공식적인 개인적 관계망에 기반을 두어 얻을 수 있는 자본을 말하고 제도적 사회(취업)자본은 행위자가 특정 제도나 기관에 소속됨으로써 얻을 수 있는 자본이다(안재희, 2006: 87).

이는 것은 우리 사회의 성차별적 구조에서 비롯된다. 따라서 여학생일수록, 하위권대학일수록, 동일대학이나 학과일지라도 여학생은 제도적 취업자본을 획득하기 어렵고 취업에 어려움을 겪게 된다(안재희, 2006). 그러나 이 연구는 취업에 필요한 제도적 사회자본의 형성이 학벌, 성차별과 같은 구조적 요인에서 비롯된다고 하면서도 학벌을 수능점수 하나로 단순화시켰고 대학 서열화 구조를 수도권대학 내에서만 한정하여 파악하고 있어 수도권대학과 지방대학 간 차이를 다루지 않았다.

여학생의 노동시장 진입장벽 또는 취업장벽에 관한 연구의 방향은 크게 개인적(심리적) 접근과 구조적 접근으로 나뉜다. 손은령(2001)은 여대생들이 주관적으로 인지하는 진로장벽의 내용과 요인을 개인적(심리적) 차원에서 탐구하였다.[5] 내적 장벽은 자신감의 부족, 낮은 취업동기와 같은 심리적인 측면의 장벽이고 외적 장벽은 주로 외부환경에서 발견되는 장벽이다. 장벽은 차별, 직장생활에 필요한 개인적 특성의 부족, 다중역할로 인한 갈등, 진로 미결정 및 직업준비 부족, 노동시장 및 관습의 제약, 기대보다 낮은 직업전망, 여성 취업에 대한 고정관념으로 구성되어 있다. 손은령은 주로 여학생이 진로장벽을 어떻게 인지하는지를 중점적으로 다루면서 진로장벽이 여학생의 진로 미결정을 설명하는 중요한 변인이며 여학생들은 직장과 가정에서 다중역할로 인한 갈등을 높게 지각한다는 연구결과를 내놓았다.

Albert & Luzzo(1999)는 성차별이나 민족적 차별과 같은 진로장

---

5) 진로장벽은 채용장벽을 포괄하는 더 넓은 의미로 사용된다. 진로장벽이란 진로를 선택하고 실행하는 과정에서 개인의 진로목표 실현을 방해하거나 가로막는 내적, 외적 요인들을 진로장벽이라고 한다(Swanson et al., 1996).

벽이 선호하는 진로목표나 흥미의 추구를 억제하도록 만들 수 있다는 점에서 젠더가 여학생의 노동시장 입직에서 중요한 변수가 된다고 보았다. 민무숙(2003)은 여학생들은 대학단계에서 자신의 성별이 진로탐색과 직업세계로의 이행에 중요한 변수임을 깨닫고 남학생과 다른 생애사로 인해 노동시장에 진입하고 유지, 퇴장하는 데 다른 경로를 거치게 된다. 따라서 여대생들에 대한 차별화된 진로개발, 진로설계가 필요하고 노동시장 구조와 여성 인적 자본 특성을 고려한 대학취업지원 방향이 모색되어야 한다.

여대생의 미취업 문제에 관해 노동시장의 구조론적 관점에서 노동시장 진입을 저해하는 진로장벽의 원인을 분석한 연구로, 임선희·전혜영(2004)은 직업세계 이행과정에서 지방대 여학생의 진로장벽이 노동시장의 성차별성, 성차별적 대학 교육구조 및 경험, 여학생 개인의 특성과 관련되어 있다고 설명한다. 그러므로 여학생의 직업세계 이행을 촉진하기 위해서는 여학생 스스로의 주류화 노력, 대학의 여학생을 위한 진로개발과 직업준비 지원체계 마련, 정부의 적극적인 지원이 필요하다고 주장하였다.

최근의 연구 결과들은 일관성 있게 지방대 학생들이 수도권대학생들에 비해 취업하는 데 큰 어려움을 겪고 있음을 보여 준다. 하지만 대부분의 논의들이 지방대 여학생 취업문제를 다룰 때 고학력 청년층 전체이거나 여학생 혹은 지방대생을 대상으로 하고 있고 가장 심한 취업난을 겪고 있는 지방대 여학생에 대해서는 오히려 크게 주목하지 않았다. 왜냐하면 지방대 여학생의 취업에 관한 기존 논의와 연구의 대부분이 성별 또는 지방대요인 중 한 가지 차원에서 청년 취업문제 또는 지방대생의 취업문제를 주로 전체적으로 다루고 있기 때문이다.

이 글은 지방대 여학생들이 재학 중에 어떻게 취업준비를 하고 대졸 신규 채용시장에 존재하는 취업장벽으로 인해 노동시장 입직 과정에서 어떻게 주변화되고 선택적으로 편입되는지를 주요하게 다룬다.

2. 이론 1: 통계자료로 차별을 받는다

통계적 차별의 개념은 노동수요 측면에서 노동시장 차별을 설명하는 이론으로 Phelps(1972)와 Arrow(1973)에 의해 도입되었다. 통계적 차별은 임금차별을 주로 설명하는 기호차별[6]과는 달리 채용과 배치에 차별의 초점을 두고 있다.

초기의 통계적 차별이론은 효율성이나 비용보다는 기업이 인력을 채용할 때 인력에 대한 부족한 정보를 경험적으로 축적된 특정 그룹의 평균적인 속성을 이용하여 보완함으로써 보다 유능한 인재를 선발하는 메커니즘으로 활용되었다(Phelps, 1972; Arrow, 1973; Aigner and Cain, 1977).

통계적 차별은 선발단계에서 고용주가 관찰할 수 있는 지원자의 특성이 개인이 가지고 있는 노동생산성을 완전히 예측하지 못할 때 나타나게 되는 '선별'의 문제로 이해될 수 있다.

통계적 차별은 기업이 개인을 채용하는 데 있어 능력이나 경력

---

6) 베커(G. Becker)는 개인적 편견이나 선호(기호)가 노동시장에서 특정 집단에게 불리한 영향을 미칠 수 있음을 지적하면서 고용주, 종업원, 소비자에 의해 차별이 발생한다고 보았다(Becker, 1971).

의 차이와 같은 지원자의 개인적 특성을 기초로 하여 판단하는 것이 아니라 개인이 속해 있는 집단의 평균적인 특성 또는 해당 집단은 대체적으로 이러한 특성을 보일 것이라고 예상되는 일반적인 특성에 근거하여 지원자를 판단하면서 채용과정에서 차별이 발생한다고 본다.

집단 특성은 채용과 배치, 임금결정의 요소가 되기 때문에 고용주가 그룹정보를 이용해서 개인을 평가하게 될 경우 특정 집단에 대한 특별한 선호가 없더라도 상대적으로 열등한 그룹에 속한 개인은 비록 평균 이상의 취업능력과 자질을 가지고 있을지라도 채용에서 차별받게 된다(Phelps, 1972; Arrow, 1973). 그런데 통계적 차별의 논리적 문제는 고용주가 직원을 채용할 때, 구직자 개개인의 잠재적 생산성을 실제로 정확하게 파악하기 어렵기 때문에 개인이 속해 있는 집단(성, 연령, 학력, 인종 등)의 평균적 특성에 의존하는데 이러한 정보는 생산성을 예측하는 데 있어서 불완전한 측면을 가지고 있다. 그럼에도 고용주들은 그동안 축적해 온 집단에 대한 자료를 통해 각 개인의 생산성을 간접적으로 판단하고 그것을 바탕으로 채용 여부에 대한 의사결정을 하게 되면서 문제가 발생한다(Ainger and Cain, 1977).

통계적 차별의 비효율성에 관한 본격적인 논의는 1980년대 중반부터 시작되었다. 통계적 차별에 의해 저평가되는 집단에 속한 개인은 투자 성과가 낮을 것을 미리 예상하고 투자하게 되면서 인적자본의 양(축적)을 줄이게 된다(Lundberg and Startz, 1983). 노동 수요자는 지원자에 대한 제한된 정보를 가지고 있으므로 높은 대체비용이 들거나 교육과 훈련비용이 많이 드는 직무에 이직가능성이 높은 여성을 배제하는 방식으로 인력 채용에 따른 비용을 감소시키고 이윤을 증대시킨다(Bielby and Baron, 1986). 다른 집단에 속한 개인들의 숙련에 대한 기업의 사전적 판단은 부정적인 스테레오 타입을 가진 그룹에 속한 개인들이 자신이 발휘할 수 있는 노력의 최대치를 발휘할 수 없게 만든다(Coate and Loury, 1993). 그리고 통계적 차별이론은 지원자에 대한 불완전한 채용정보를 가진 기업의 이윤추구 행동이 만들어낸 결과이므로 현재의 차별 또는 차이를 완화시키기보다는 지속하게 한다(유경준·황수경, 2005)는 비판에 직면하게 된다.

한편 최근 들어 통계적 차별의 효율성에 대해 보다 엄밀한 분석을 통해 채용과 선발, 직무 배치와 관련되어 있는 여러 요인들을 분리해냄으로써 채용과정에서 발생하는 정보의 비대칭성을 보완하고 정보의 역할을 재평가하여 차별화로 인한 선발 비용의 감소, 전문화 등 보다 나은, 보다 정확한 정보 생산을 통해 통계적 차별의 효율성을 증가시킴으로써 집단 불평등을 개선할 수 있다는 주장이 제기되었다. 그리고 차별받는 집단에 속한 구직자들은 일할 의사와 능력은 있으나 일자리를 찾지 못한 한계노동자들보다는 좀 더 적은 비용으로 인적 자본을 축적할 수 있다는 점이 부각되었다(Norman, 2003).

일반적으로 기업은 구직자의 생산성에 대한 불완전한 정보를 가지고 채용과 선발의 기준으로 시험성적, 교육수준, 경력 등의 개인정보와 개인이 속한 집단의 평균을 이용한 집단정보 두 가지를 사용한다. 만약 고용주가 집단정보에 의존하게 되면 취업준비를 통해 개인적인 수준에서 동일한 생산력 또는 인적 자본을 축적한 사람들이 소속 집단의 차이로 인해 노동시장에서 차별을 겪게 된다. 이

것은 결국 성별에 따른 각종 통계 지표들 — 전공계열 분포, 취업률의 남녀 차이—이 결과적으로 노동시장에서의 통계적 차별로 이어지게 된다(임선희·전혜영, 2004). 다시 말해, 여학생의 경우 편중된 전공계열의 분포와 제한된 범위의 직업선택은 결과적으로 고용기회, 종사상 지위, 임금에서 남학생과 다른 결과를 가져오게 되고 이 같은 취업구조의 차이는 노동시장에서 성별직종분리나 좋은 일자리 취업으로 실현되는 취업성과에서 성별 간에 차이를 낳는다.

우리 사회는 대학들이 서열화되어 있어 특정 학벌을 소유한 집단의 생산성에 대한 사전적인 믿음이 견고하게 구축되어 있으며 이를 뒷받침하는 것은 과거의 통계적 경험이다. 이는 통계적 차별 중 스테레오타입(stereotype) 접근법에 의거한 것으로 특정 집단에 대한 기업의 사전적 믿음이 채용에 영향을 미치게 된다고 보는 것이다(김종숙, 2003: 12). 2년제 대학인지 4년제 대학인지, 그리고 동일한 대졸자일지라도 명문대와 비명문대, 수도권대학과 지방대학 졸업자 간에 노동시장 성과는 큰 차이를 나타낸다(최바울·김성환, 2003; 류장수, 2003). 이 같은 차이는 지방대학 출신이 수도권대학 출신과 같은 생산성을 가지고 있는 경우에도 학벌에 따라 차별하게 되면서 대학의 서열이 곧 능력의 차이를 대변하게 하는 오류를 낳게 한다.

여성은 학교교육을 마친 후 결혼과 출산, 양육 및 가사부담 등으로 인하여 흔히 노동시장에 지속적으로 남아 있기보다는 간헐적 혹은 단속적인 경제활동 참가형태를 취하게 되는 경우가 많다. 따라서 장기간의 훈련을 요하는 전문직이라든가 숙련 직종에 참여하기 어렵고 자연히 그러한 기회를 상대적으로 덜 갖는 선택을 하게 된다. 따라서 노동시장에서 고용주들은 여성인력에 대해 편견을 갖거나 통계적 차별을 하게 된다(민무숙, 2003: 73).

그러나 오늘날 고학력 청년여성들은 노동시장에 남아 지속적으로 일하려는 업무지향적인 커리어를 가지고 있고 지방대학과 수도권대학 출신자 간의 생산성, 업무능력에 별다른 차이가 없다는 조사나 연구결과(사람인·커리어, 2004; 정동섭·강인철, 2007)들이 발표되면서 통계적 차별이론은 공격받고 있다. 또한 통계적 차별이론은 시장 분절에 따른 구조적인 차별요인을 간과하고 개인의 취업준비 노력을 통해 형성되는 개인의 취업능력, 즉 인적 자본 축적에 따른 생산성을 특정 집단(예: 여학생 또는 지방대학 출신자)에 대해서 저평가하는 모순을 낳는다.

그동안 기업은 취업을 희망하는 사람들에 대한 잠재능력을 판별하는 다양한 시도에 다소 소극적이었다. 최근 들어 기업은 직무적성검사, 면접방식의 다양화 및 심층화, 지역구분모집제, 지역할당제 등으로 채용방식을 다변화시키고 있지만 지방대학 출신 여학생의 경우, 1차 서류전형에서부터 남학생이나 소위 명문대 출신자 내지는 수도권대학 출신자들과의 경쟁이 용이하지 않은 게 현실이다.

기업이 채용단계에서 개별 지원자에 대한 정보 획득 비용이 크다는 이유로 집단의 평균적 특성에 의존하여 신규인력을 채용하는 관행(혹은 관행의 지속)은 여학생의 경력지향적인 성향이나 경제활동 참여의사 증가와 상치되며 집단평균 이상의 능력과 자질을 가진 지방대 여학생 지원자는 시작부터 불리한 입직 경쟁에 놓이게 된다. 그렇기 때문에 지방대 여학생이 여성 또는 지방대라는 통계적 차별요인에 의해 입직과정에서 주변화되는 것은 공정한 채용의 규칙이 될 수 없다.

3. 이론 2: 인적 자본이 취업을 결정한다

최근 인적 자원개발의 중요성이 강조되고 노동시장의 유연화와 함께 기업의 인적 자원 조달방식이 변화되면서 노동시장 진입을 준비하는 고학력 청년여성층은 지속적인 취업능력 향상을 요구받게 되었다.

인적 자본론은 노동 공급 측면에서 노동시장에서 채용으로 실현되는 취업성과가 집단별로 다르게 나타나는 것은 인적 자본의 차이를 반영한 결과라고 설명한다. 즉 개인의 충실한 취업준비는 노동 생산성 향상으로 이어지고 이것은 곧 좋은 일자리 취업이라는 결과를 낳는다.

인적 자본론은 신고전주의 경제학의 관점에서 1960년대 등장한 이론이다. 인적 자본론에 관한 초기 논의는 Becker를 중심으로, 성별 노동조건의 차이는 성별에 따른 생산성 차이에 있으며 이러한 차이는 개인이 지닌 인적 자본량에 의해 결정된다. 인적 자본의 축적이 많을수록 개인의 자본적 가치도 높아져 개인은 노동시장에서 더 많은 보상을 받을 수 있다. 인적 자본론은 인적 자본(교육, 훈련, 자격 등)에 따라 집단별(성, 인종, 민족 등) 노동시장 성취가 차이를 나타낸다고 설명한다(Becker, 1964). 인적 자본요인 중에서 특히 교육이나 훈련은 노동시장에서 가장 중요한 선발기준이며 개인의 직업지위를 결정하는 데 중요한 영향을 미친다(Mincer, 1962; Duncan and Hodge, 1963; Spence, 1973).

그런데 여성은 가사노동과 시장노동의 이중 책임을 지고 있으며 일반적으로 가사나 양육의 부담을 떠안고 있기 때문에 인적 자본에 대한 투자를 덜 하게 되고(Mincer and Polacheck, 1974) 임신이나 출산, 양육과 같은 여성의 생애주기 특성으로 인해 경력단절의 가능성이 상대적으로 높아 직업선택에서 남성과 다른 선호를 갖게 된다. 즉 인적 자본 투자가 적으면 노동시장에서 직업선택의 폭이 그만큼 줄어들고 제한된 직업에 여성이 집중되는 현상이 초래될 수 있다. 게다가 생애기간 동안 경력단절을 경험할 것을 예상하는 여성은 인적 자본의 손실을 최소화하는 직업을 선택하려는 자기선택(self-selection)으로 인해 성별 직종분리, 성별 임금격차가 발생한다(Polacheck, 1987).

여성노동에 대한 인적 자본론의 관점은 여성이 남성에 비해 인적 자본의 축적이 적기 때문에 노동시장에서 차별받는다고 설명한다. 그러면서 여성 개인에게 초점을 맞추고 여성 자신이 고등교육 준비에 좀 더 적극적이어야 하며 직장에서 남성과 동등한 능력과 책임감을 갖춰야 하고 불평등한 장벽을 넘어서 개인적 차원에서 불평등을 해결하도록 제언한다(정혜선, 1997: 9).

그러나 인적 자본론은 몇 가지 비판에 직면하게 된다. 첫째, 완전경쟁시장과 정보의 완전성을 전제하고 있다는 점이다. 인적 자본론은 노동시장에서 개별 노동자들이 자유롭게 경쟁하고 고용주가 노동자의 생산성에 부합하는 임금을 주는 완전한 합리성을 가정한다. 그러나 실제 노동시장은 성이나 학력, 인종 등 다양한 요인들에 의해 일정하게 분절되어 있다. 이같이 분리된 노동체계는 노동자 간의 자유로운 경쟁을 불가능하게 하고 노동자의 능력과는 별도로 비합리적 요인들이 개입하여 노동자 간 단순한 '차이'에서 '차별'을 발생시키는 결과를 낳는다(Finegold, 1999).

둘째, 교육과 훈련이 자동적으로 생산성과 연결된다는 가정은 실제 선형관계가 아니다. 성별·학력별 임금격차에 관한 기존 연구들은 교육이나 경력 등 인적 자본량의 차이로 설명될 수 없는 부분이 존재한다는 결과를 내놓고 있다. 오히려 교육이나 훈련 경험은 고용주가 노동자를 선택하는 선별 장치에 불과할 뿐 언제나 노동자의 생산성과 직접적인 관계를 갖는 것은 아니다(Weiss, 1995). 따라서 학력수준이 높아질수록 인적 자본량의 축적이 증가한다는 인적 자본론의 기본가정은 지방대 여학생의 노동시장 입직을 설명하는 데 제한적이다. 왜냐하면 고학력과 인적 자본 축적이 단순한 선형적 등식관계가 성립한다고 보기 어렵기 때문이다. 지방대 여학생의 경우 취업장벽으로 인해 교육의 양적 확대를 통한 인적 자본 투자가 노동시장 성과로 실현되지 못하는 경우가 발생한다. 따라서 인적 자본론의 선형성에 대한 기본전제는 지방대 여학생이 입직과정에서 겪게 되는 차별과 취업난을 적절히 설명하지 못한다. 대졸 신규 채용시장에서 고학력이라는 인적 자본은 노동수요자에 의해 성과 출신대학에 따라 다르게 평가되므로 지방대 여학생은 다른 대학생 집단에 비해 취업준비가 취업성과로 이어지는 데 어려움을 겪는다.

셋째, 인적 자본론은 노동시장 외부의 성차별적 조건들을 '수어진' 전제로 가정한다. 여성은 양육과 가사 노동의 전담자라는 성별분업을 그대로 수용하여 교육과 노동에서의 성차별을 당연시한다. 이처럼 노동시장에 들어오기 이전에 여성에게 주어지는 성차별을 무시한 채 노동시장 안에서의 형식적인 공정성만을 주목하는 것은 여성의 인적 자본 투자를 제한하는 누적된 장애요소들을 간과하고 노동시장에서의 성불평등을 정당화하는 결과를 가져온다. 우리나라 청년여성은 1990년대 이후 지속적인 고학력화로 대학 진학률이 남학생과 비슷하거나 때로 높고 대학 졸업자도 크게 증가하였다. 하지만 대졸 청년여성의 경제활동 참가율은 아직 70%에도 미치지 못하고 있어 비슷한 경제수준의 다른 나라와 차이를 보이고 고용의 질도 만족스럽지 못하다. 그리고 노동시장 입직 전후 집단 간 경제적 지위 격차를 보여 주는 각종 지표들도 크게 개선되지 않았다. 이는 인적 자본요인이 노동시장의 차이를 설명하는 데 기여하지만 차별을 설명하는 데는 제한적임을 보여 준다(강이수·신경아, 2000: 136~137). 이처럼 인적 자본론은 단일노동시장, 완전경쟁을 가정하고 노동시장의 차별이나 실업, 취업문제에 관련되어 있는 구조적 요인을 간과한 채 개인적 속성에만 초점을 맞추었다는 점이 한계로 지적된다.

인적 자본론은 노동시장에 입직하는 지방대 여학생의 능력이나 자질이 남학생이나 수도권대학생에 비해 떨어지거나 지방대 여학생이 취업준비를 통해 충분한 인적 자본의 질과 양을 제대로 갖추지 않았기 때문에 노동시장에서 불리한 위치에 놓이게 된다고 설명한다. 따라서 인적 자본론에 따르면 지방대 여성의 취업기회와 취업의 질을 개선하기 위해서는 개인의 취업능력인 교육적 열망, 성취수준, 취업스펙, 노동시장 지속성을 향상시키는 것이 노동시장 성공을 이끄는 주요한 동인이 된다. 인적 자본론은 완전시장, 자유경쟁, 동일한 취업기회 등을 전제로 하고 이론상 교육 수준이나 교육 연수가 같다면 해당 인적 자원에 대한 노동시장의 평가가 동일하다고 가정한다. 따라서 인적 자본론의 관점에서는 수도권대학과 지방대학, 남학생과 여학생이 비슷하거나 동일한 인적 자본을 축적했을 경우 성별이나 지방대 출신이라는 조건이 취업에서 장애요인으로 작용하지 않는다고 본다.

그러나 여성은 남성과 비교했을 때 취업률, 노동시장 이행기간 등 취업에 관한 양적 지표가 남성에 비해 다소 양호하게 나타나기도 하지만 임금, 고용형태, 산업별·직업별 취업구조, 직업지위 등 취업의 질적 지표는 여성이 일관되게 낮게 나타난다. 물론 이와 같은 차이는 수도권대학과 지방대학 간에도 나타난다. 이러한 지표를 통해 우리는 기업이 인력을 채용할 때 여대생 혹은 지방대학 출신자에 대하여 차별적인 선호를 나타낸다는 것을 알 수 있다. 기업이 제시하는 차별에 대한 선호 혹은 차이에 대한 선별은 가시적인 생산성과 효율성에서 그 이유를 찾는다. 그러나 이러한 판단의 기저에는 여성인력 또는 지방대학 졸업자에 대한 사회적 편견과 기업의 젠더 고정관념이 작용한다. 따라서 기업의 채용관습은 과거의 전례(前例)에 의존하는 불문율의 형태로 존재한다(한국청소년정책연구원, 1999).

인적 자본론에 대한 비판이 제기되면서 노동시장에 존재하는 차별이 노동시장의 분단구조에서 비롯된다는 구조적 접근으로 이어졌다.

인적 자본의 축적은 취업을 준비하는 여학생의 취업 성공 여부를 가름하는 중요한 요소이다. 그러나 지방대 여학생의 노동시장 입직은 인적 자본의 축적, 즉 개인의 취업준비 노력이나 의지, 비용 – 이익을 고려한 개인의 합리적인 선택 행위로만 설명하기 곤란한 또 다른 차원이 존재한다. 왜냐하면 노동시장에는 개인의 인적 자본 축적을 제약하고 취업선택의 폭을 제한하는 구조적 차별이 존재하기 때문이다. 따라서 지방대 여학생의 취업준비와 노동시장 입직을 어렵게 하는 취업장벽을 논의하기 위해서는 노동시장 구조에 관심을 가져야 한다.

4. 이론 3: 노동시장은 이미 나눠져 있다

노동시장분절론은 인적 자본론에 대한 비판을 제공하면서 고학력 청년여성(지방대 여학생)의 취업준비와 노동시장 지위에 대한 유용한 설명을 제공한다. 뿐만 아니라 노동시장분절론은 노동 수요 측면에서 노동시장 내 구조적 차별이 채용에 미치는 영향을 설명하는 거시적인 접근방법이다.

노동시장의 분절은 동일 학력을 보유한 인력의 잠재적 생산성이 동일하다는 인적 자본론의 전제에도 불구하고 왜 지방대 여학생이 노동시장 입직구에서 젠더와 지방대 출신이라는 배경에 의해 차별화되고 낮은 직업 위계로 진입하게 되는지를 구조적으로 설명한다. 노동시장분절론은 대졸 청년 채용시장 입직구(entry - job)가 성별과 출신대학에 따라 일정하게 분절되어 지방대 여학생의 좋은 일자리 진입을 어떻게 제약하고 동시에 주변화시키는지 그 구조적 요인을 탐색하는 데 활용된다.

1차 노동시장은 고임금, 고용안정성 보장, 승진기회를 제공하는 데 반해 2차 노동시장은 저임금, 고용불안정, 제한적인 승진기회나 승진에서의 배제를 특징으로 한다. 게다가 두 시장은 입직구에서부터 분리되어 있어 인력충원방식, 임금, 노동조건 결정방식이 서로 독립적이다. 따라서 노동시장 입직구에서 2차 노동시장에 진입한 노동자들은 인적 자본에 투자하여 생산성을 높이더라도 1차 노동시장으로 진입하는 입직기회를 얻기 힘들다. 즉 1차 노동시장 진입은 균등한 입직 경쟁이나 완전한 시장원리만으로 설명되지 않는다. 또한 새롭게 노동시장에 진출하는 여성들의 상당수가 1차부문에 편입되지 못하고 저임금 사무직, 단순서비스직, 의료 및 교육 분야의 하위직 등 노동의 단순화, 탈숙련 영역에 고용되기 쉬운데 이것은 구조적 차별에 의한 진입장벽에서 그 원인을 찾을 수 있다(Doeringer and Piore, 1972; Mcdonald and Solow, 1985).

이중노동시장 모형을 노동시장 입직단계에서 발생하는 성차별에 적용시켜 보면 여성은 2차부문에 남성은 1차부문에 진입할 가능성이 높다는 설명이 가능하다. 2차부문 노동자는 최초의 직업에서부터 상승할 수 있는 어떠한 고정된 지위가 없기 때문에 개인의 능력은 노동시장에서의 지위나 수입을 결정하거나 설명하는 데 점점 그 중요성을 잃어 간다. 그리고 이중노동시장 구조 안에서 대기업과 노동조합 같은 기존 제도는 채용, 승진, 임금 등의 인적 자본 관리에 중요한 역할을 하고 자본가는 노동과정에 대한 통제를 확보하기 위해서 노동시장을 분절시킨다(Gordon, Edwards and Reich, 1982).

대졸 여성이 대졸 남성에 비해 직업세계로의 원활한 이행이 용이하지 않고 취업성과가 만족스럽지 못한 것은 우리나라 노동시장이 학력과 성별에 의해 일정 정도 분절되어 있기 때문이다. 따라서 여성은 학력이 높아지고 대학교육을 통해 인적 자본을 축적하여도 남성에 비해 정규직 취업률이 낮고 취업하더라도 저임금과 하위 직급에 위치하거나 직종 간 성별 직업분리 현상을 보인다. 이것은 여성 개인이 가지고 있는 인적 자본의 문제라기보다는 노동시장의 기회구조 자체에 차별이 있기 때문이다(장하진, 1993). 노동시장 또는 노동과정은 각각 상이한 특성과 행동규칙, 노동조건을 갖는 여러 개의 독립된 하위시장 및 하위과정으로 구분되어 있고 분절된 노동시장에서는 노동력의 차이 중에서 성별이 가장 중요한 차별기준이 되어 여성의 노동시장 참여는 2차부문에 집중된다(Beck, Horan and Tolbert, 1978).

그렇기 때문에 여성은 인적 자본 특징이 변화되어도 채용시장 자체의 구조가 재조직되거나 여성의 1차직종 진출이 증대되지 않는 한 여성의 지위는 거의 변화되기 어렵다. 여성이 보다 열악한 노동시장에서 쉽게 발견되는 이유는 교육이 남성에 비해 여성에게는 별로 전망을 제시하지 못하고 있기 때문으로 실제로 많은 취업 후보자가 1차부문 취업에 필수적인 행동적 특성, 훈련 및 태도를 소유하고 있음에도 불구하고 1차부문 취업에서 배제되고 있다(Sokoloff, 1980).

노동시장에는 기존 고용관행상 남성과 여성의 노동력을 분절시키는 노동수요가 존재하기 때문에 여성 노동자의 공급적 특징, 학력이나 직업에 대한 열망을 변화시켜 현재의 차별적인 직업 범주를 통합하려는 노력이 충분하지 않다(F. Blau, 1975: 274). Blau and Juseinus(1976)가 지적하듯이, 이는 비록 집단 간 평균적인 차이가 존재한다고는 하지만 분명히 개별적인 여성들을 차별하는 것으로 1차 노동시장의 핵심적 대기업들은 여성에 대한 진입장벽을 쌓아 차별관행을 지속시킨다(조우현, 1998). 우리나라 대졸 여성의 취업구조는 상대적 저임금, 하위직급, 준(관련)전문가 및 서비스직 편중 등이 특징이다. 대졸 여성은 노동시장 안에서 고학력이라는 인적 자본 특성이 제대로 평가받지 못하고 설사 1차 노동시장에 진입한 경우에도 2차 노동시장의 직무 특성을 갖는 경우가 빈번하다.

노동시장분절론의 이론적 외연을 확대하여 지방대 여학생의 취업문제에 적용시켜 보면, 노동시장의 분절은 여학생과 남학생, 지방대 학생과 수도권대학생이 각각 층화된 상이한 노동시장으로 충원될 가능성을 크게 한다.

지방대 여학생은 청년층이 선망하는 좋은 일자리를 얻어 노동시장에 진입하는 것이 입직구에서부터 일부 선택적으로 편입된다. 그러므로 지방대 여학생은 1차 노동시장에 속하는 대기업이나 공기업보다는 2차 노동시장인 중소기업, 준(관련)전문가 직종, 비정규직 형태로 노동시장에 진입한다.[7] 1차 노동시장은 입직구에서 2차 노동시장과 연결되어 있는데(심윤종 외, 2003), 노동시장 입직구에서부터 시작되는 집단별 진입 시장의 차이는 결국 노동시장 진입 이후로 이어져 임금, 승진 등의 격차를 발생시킨다. 뿐만 아니라 노동시장의 구조적 분절은 지방대 여학생으로 하여금 낮은 직업포부의 설정, 눈높이의 하향 조정, 소극적인 취업준비, 취업준비의 집중력과 몰입도를 낮추는 작용을 한다.[8]

노동시장분절론은 지방대 여학생의 학교-노동시장 이행의 불리함을 설명하는 데 많은 이점이 있다. 그럼에도 불구하고 여학생이 남학생보다 주로 2차 노동시장에 진입한다는 가정은 일반적인 여성 노동력의 성격을 설명하는 데 적용될 수 있지만 대졸 여성의 특

---

7) 1차 노동시장은 대기업 일자리, 고임금, 좋은 근무조건, 직업안정성, 경력단계를 통한 승진, 작업규칙의 명시화 등으로 보다 안정적인 고용형태를 제공하는 부문이다. 반면 2차 노동시장은 영세기업, 낮은 이윤, 저임금, 직업이동의 제한, 승진체계의 부재, 높은 이직률 등으로 표현되는 불안정한 부문이다.

8) 노동시장 차별은 여성으로 하여금 인적 자본 투자를 꺼리게 만들고 노동력에 대한 애착을 약화시킨다(문숙재 외, 1994).

수성을 설명하는 데는 한계를 갖는 것도 사실이다. 그리고 같은 대졸 여성이라도 개인의 사회경제적 지위, 출신대학의 서열, 전공 등에 따라 노동시장의 환경이 상이할 것이라는 편차, 즉 여성집단 내에 존재하는 차이를 설명하지 못한다. 또한 학교에서 노동시장으로의 이행은 일련의 연속적인 과정인데 노동시장분절론은 노동시장에 진입한 결과에 초점을 맞춤으로써 대졸 여성들이 어떤 과정을 거쳐 노동시장에 진입하게 되는지를 이해하는 데는 한계가 있다(곽윤숙, 2006).

위에서 살펴본 세 가지 이론적 자원은 지방대 여학생의 취업준비와 입직과정 그리고 노동시장 진입 어려움에 관한 설명을 제공하는 동시에 일정한 한계를 갖는다.

제3장 대졸 여성의 경제활동

지방대 여학생의 취업준비와 취업장벽을 다루기 위해서는 대졸 여성의 경제활동 특성을 파악하고 이해하는 작업이 선행되어야 한다. 이 장에서는 대졸 여성의 경제활동 참여 현황과 특징을 파악하여 여학생이 학교를 졸업하고 입직하게 되는 노동시장 상황을 이해한다.

1. 대졸 여성의 경제활동 참여현황

오늘날 한국 사회 청년여성 인력의 주요 특징을 꼽는다면 고학력화와 여성의 경제활동 참여가 확대되고 있다는 점이다. 한국 사회의 급속한 경제성장과 여성의 고등교육기회 확대는 여성의 경제활동 참가율을 지속적으로 증가시켰고 80년대 이후 여성의 고등교육 진학률은 꾸준히 증가하여 여성인력은 지속적으로 고학력화되었다. 따라서 현재 청년여성은 대학에 재학 중이거나 대졸 이상의 학력이 대다수를 차지하게 되었다(<표 2> 참조).

<표 2> 성별 고등교육기관 진학률

단위: %

	1980	1985	1990	1995	2000	2005	2009
남학생	24.5	38.3	33.9	52.8	70.4	83.3	81.6
여학생	22.9	34.1	32.4	49.8	65.4	80.8	82.4
계	27.2	36.4	33.2	51.4	68.0	82.1	81.9

주: 진학률＝(상급학교진학자 수/졸업자 수)X100.
자료: 교육과학기술부・한국교육개발원. 「교육통계연보」. 각 연도.

그러나 여성의 경제활동 참여는 남성과 다른 특성을 보인다. 여성의 교육수준이 높아지면서 사회 진출 욕구가 늘고 있지만 아직까지 우리나라 전체 여성의 경제활동 참가율은 50%수준으로 낮고 대졸 여성의 경제활동 참가율도 60% 초반에 그쳐 여성인력이 적극적으로 활용되지 못하고 있다(<그림 3>).

<그림 3> 성별 경제활동 참가율 추이

단위: %

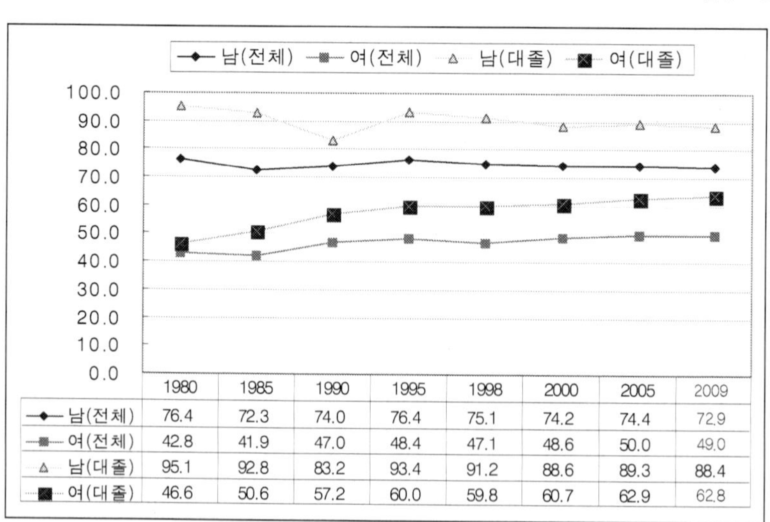

	1980	1985	1990	1995	1998	2000	2005	2009
남(전체)	76.4	72.3	74.0	76.4	75.1	74.2	74.4	72.9
여(전체)	42.8	41.9	47.0	48.4	47.1	48.6	50.0	49.0
남(대졸)	95.1	92.8	83.2	93.4	91.2	88.6	89.3	88.4
여(대졸)	46.6	50.6	57.2	60.0	59.8	60.7	62.9	62.8

주: 구직기간 1주 기준 경제활동인구.
자료: 통계청. 국가통계포털. 〈http://www.kosis.kr〉.

물론 그동안 대졸 여성의 경제활동 참가율은 완만한 증가를 보이고 성별격차 또한 점차 개선되고 있다. 그렇다고 하더라도 대졸 남녀 간 경제활동 참가율은 지금도 여전히 큰 차이를 보인다.

선진국의 경우 여성의 학력이 높아질수록 경제활동 참가율과 취업률이 높아지는 것이 일반적이다. 그러나 우리나라 대졸 여성의 저조한 노동시장 참여율은 다른 나라의 경우와 비교해 특이한 경우로 지적된다(이미정, 2002).

이러한 결과는 다른 나라와 비교하면 더욱 뚜렷하게 나타난다. 우리나라는 OECD 국가와 비교했을 때 대졸 이상 여성의 경제활동 참가율(62.8%)과 취업률(61.2%)이 회원국 중 최하위이다. 성별격차 또한 경제활동 참가율 29.1%, 취업률 27.8%로 OECD 회원국 중에서 가장 크며 OECD 회원국 여성 경제활동 참가율(82.6%)과 취업률(79.5%) 평균과도 차이가 크다.

<표 3> OECD 회원국 대졸 이상 경제활동 참가율과 취업률

단위: %

회원국	경제활동 참가율			취업률		
	남	여	남녀격차	남	여	남녀격차
한 국	91.9	62.8	29.1	89.0	61.2	27.8
호주	93.0	81.3	11.7	91.2	79.3	11.9
오스트리아	91.9	84.7	7.2	90.1	82.2	7.9
벨기에	91.2	84.7	6.5	88.2	81.9	6.3
캐나다	90.0	83.0	7.0	86.5	79.9	6.6
체코공화국	92.8	79.1	13.7	91.4	77.9	13.5
덴마크	92.9	88.3	4.6	90.3	85.7	4.6
핀란드	90.5	86.7	3.8	87.5	83.4	4.1
프랑스	91.3	84.7	6.6	87.0	80.5	6.5
독일	92.2	84.4	7.8	89.1	80.6	8.5
그리스	90.5	85.2	5.3	86.8	78.5	8.3

회원국	경제활동 참가율			취업률		
	남	여	남녀격차	남	여	남녀격차
헝가리	88.5	77.8	10.7	86.5	75.6	10.9
아이슬란드	93.3	88.2	5.1	91.8	85.7	6.1
아일랜드	93.6	84.5	9.1	91.4	82.5	8.9
이탈리아	89.2	79.1	10.1	86.5	74.9	11.6
일본	96.0	68.3	27.7	93.3	66.1	27.2
룩셈부르크	90.3	83.6	6.7	87.9	80.8	7.1
멕시코	94.6	76.0	18.6	91.4	72.6	18.8
네덜란드	91.6	86.7	4.9	90.0	85.1	4.9
뉴질랜드	93.2	79.9	13.3	91.3	78.1	13.2
노르웨이	93.8	89.9	3.9	92.4	88.8	3.6
폴란드	91.3	85.3	6.0	88.3	81.7	6.6
포르투갈	94.1	90.7	3.4	89.3	83.7	5.6
슬로바크공화국	91.9	82.4	9.5	89.7	79.0	10.7
스페인	92.7	84.7	8.0	89.1	79.7	9.4
스웨덴	92.8	90.7	2.1	89.3	88.0	1.3
스위스	95.3	86.2	9.1	93.6	83.9	9.7
터키	87.6	70.5	17.1	82.9	63.5	19.4
영국	92.0	87.7	4.3	89.8	85.8	4.0
미국	91.1	79.8	11.3	89.1	78.1	11.0
EU19	91.6	84.8	6.8	88.9	81.4	7.5
OECD 평균	92.0	82.6	9.4	89.4	79.5	9.9

주: 연령은 만 25~64세.
자료: OECD. 2009. 「OECD Employment Outlook 2009」. 〈http://www.oecd.org〉.

한편 만 25~29세 여성 청년층의 경제활동 참가율을 국제 비교해 보면(<그림 4> 참조), 우리나라는 고등학교를 졸업한 여학생의 대학 진학률이 82.4%(<표 2> 참조)라는 점을 감안할 때 여성 청년층의 경제활동 참가율 69.1%는 고학력 청년 여성인력이 효과적으로 활용되지 않고 있음을 보여 주는 수치이다.

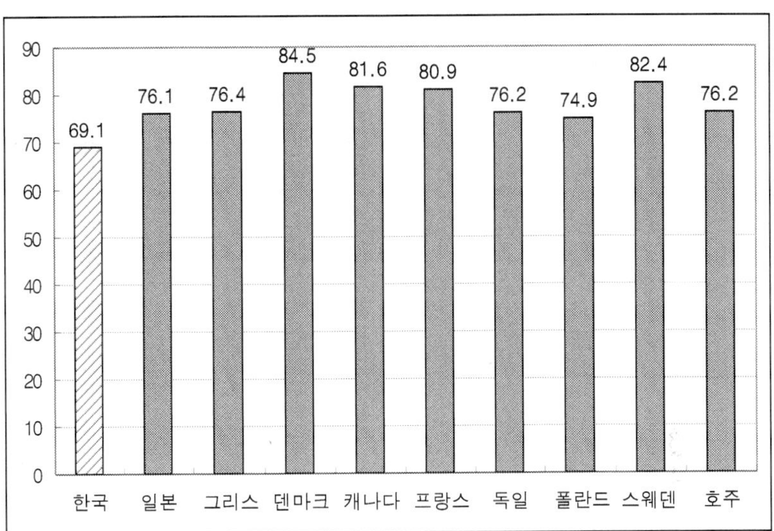

자료: ILO. 2009. 국제노동기구통계시스템. 〈http://laborsta.ilo.org〉.

고학력 청년 여성인력의 활용은 정보화 지식기반 사회에서 국가 경쟁력을 확보하기 위해서 뿐만 아니라 여성의 고용 확대와 인적 자원의 개발 및 양성이라는 측면에서도 그 어느 때보다 주목받고 있다. 하지만 지금껏 살펴본 것처럼 우리나라 고학력 청년여성층의 취업지표는 그다지 밝지 않다.

2. 여성의 경제적 지위는 상승되었나

여성의 노동시장 내 경제적 지위는 ① 남녀 고용평등성 지표, ② 여성권한척도, ③ 여성의 고위직 및 전문직 점유율을 중심으로 알아보자.

먼저 노동부에서 발표한 성별 고용평등지표[9]를 이용하여 노동시장 내 성별 간 차별 정도와 차별부문을 살펴봄으로써 고용시장 내 여성의 고용평등성을 가늠해 본다(<표 4> 참조).

<표 4> 성별 고용평등지표

단위: %

연도	노동참여도	노동보상도	노동위상도	직업안정도	종합지표
1995	57.8	62.2	3.3	63.3	50.1
1996	59.1	64.2	3.3	61.7	50.7
1997	60.7	65.5	2.4	59.5	50.8
1998	59.1	65.6	4.6	53.8	49.5
1999	61.7	66.2	3.7	51.9	49.8
2000	63.6	68.3	4.7	52.5	51.3
2001	65.5	68.3	6.6	55.0	52.7
2002	66.2	67.6	5.7	57.2	53.1
2003	66.8	68.4	5.4	57.7	53.5
2004	68.0	68.5	7.2	59.5	54.6
2005	68.7	69.4	8.1	61.3	55.7

자료: 노동부. 2006.11. "성별·연령별 고용평등지표 관련보고": 3.

9) 고용평등지표의 목적은 채용, 승진, 보수 등에서 고용부문 차별해소의 정책적 효과를 평가하는 것이다. 고용평등지표의 지표체계는 고용차별 중에서 가장 큰 비중을 차지하는 2개의 영역(성별, 연령별)으로 구성되어 있으며 노동참여도(임금근로자비율), 노동보상도(시간당임금비율), 노동위상도(관리직비율), 직업안정도(상용직비율) 등 4개의 하위지표와 이를 가중평균하여 산출한 종합지표로 고용부문의 평등수준을 객관화한 지표이다.

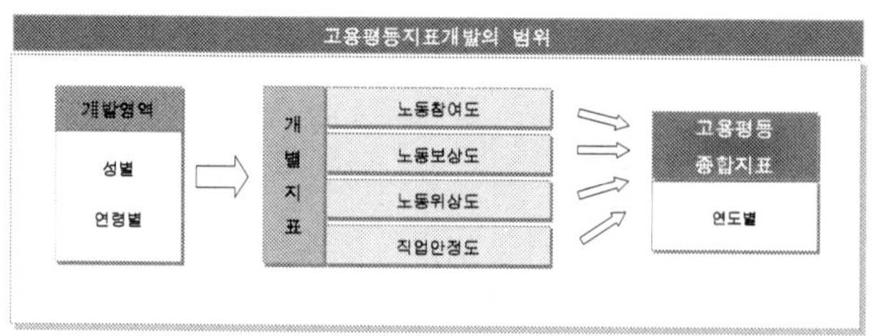

자료: 노동부. 2006. 11. "성별·연령별 고용평등지표 관련보고": 3.

성별 고용평등 정도를 나타내는 종합지표는 1995년 50.1%에서 외환위기를 기점으로 1998년 49.5%, 1999년 49.8%로 낮아졌다가 2000년부터 매년 조금씩 개선되는 추세를 보이고 있다. 또한 성별 고용평등지표 중 노동참여도는 꾸준히 높아져 향후 채용과정에서의 성별 격차는 어느 정도 해소되리라는 전망을 가능하게 한다.

그러면 IMF 경제위기 직후 고용평등 종합지표가 하락한 원인은 무엇인가. 여성의 직업안정도가 1998년 53.8%, 1999년 51.9%로 낮아졌다는 사실은 경제위기가 여성에게 더욱 불리하게 작용했음을 알 수 있다. 여성의 관리직 진출을 나타내는 노동위상도는 현저히 낮아 남녀 간 격차가 가장 심한 지표이다. 여성의 관리직 비율은 2005년 8.1%로 남성의 1/10에도 미치지 못해 성별 고용평등지표를 낮추는 결정적인 원인이 되고 있다. 직업안정도는 2000년 이후 점차 개선되고 있지만 현재도 남성의 60% 수준에 그치고 있다. 요약하면 고용부문에 있어 여성의 종합적인 지위는 55.7로 남성의 절반을 약간 상회하는 정도이다.

양성평등의 관점에서 여성의 일반적인 지위를 나타내는 국제지표로는 UNDP(United Nations Development Program)의 여성권한척도(Gender Empowerment Measure)[10]가 있다. 우리나라는 2008년 유엔개발계획(UNDP)의 여성권한척도(GEM) 값이 0.544로 고위직에서 남녀평등 정도가 높지 않으며 순위도 중하위권에 머무르고 있다(<표 5> 참조).

---

10) UNDP에서는 1995년 UN 제4차 세계여성회의를 계기로 여성이 정치·경제활동과 정책결정과정에 '참여'하는 정도를 점수로 환산하여 여성권한척도(GEM)를 개발하였다. GEM은 여성국회의원수, 행정관리직 여성비율, 전문기술직 여성비율, 남녀소득격차를 기준으로 측정하여 고위직(전문·관리직)에서의 남녀평등 정도를 평가하는 척도이다.

〈표 5〉 UNDP 여성권한척도

단위: %

GEM 순위	GEM값	국가명	의회여성 점유율	행정관리직 여성비율	전문기술직 여성비율	남녀 소득격차 (여성총소득비율)
1	0.909	스웨덴	47	32	51	0.67
2	0.906	노르웨이	36	31	51	0.77
3	0.902	핀란드	42	29	55	0.73
4	0.896	덴마크	38	28	52	0.74
5	0.882	네덜란드	39	28	50	0.67
6	0.874	벨기에	36	32	49	0.64
7	0.870	호주	30	37	57	0.70
8	0.859	아이슬란드	33	30	56	0.62
9	0.852	독일	31	38	50	0.59
10	0.841	뉴질랜드	34	40	54	0.69
61	0.554	한국	14.0	9.0	40.0	0.52

주: 2008년의 경우, GEM 순위는 109개국을 대상으로 함.
자료: UNDP. 「Human Development Report 2009」. 〈http://hdr.undp.org/hdr2009〉.

한국 노동시장에서 여성인력은 전문직, 고위 관리직 점유율이 낮다. 지난 30년간 총 여성 취업자 중 여성전문, 기술, 행정관리자 수 변화 추이를 보면 여전히 여성의 전문직 및 관리직 비율이 일관되게 낮다(<그림 5> 참조).

〈그림 5〉 여성 전문, 기술, 행정관리자수

단위: 천명

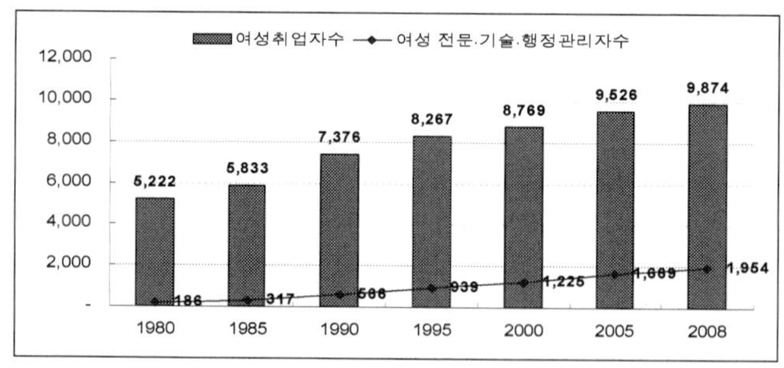

자료: 통계청. 「한국의 사회지표」. 각 연도.

여성 취업자 수는 점차 증가하고 있으나 그럼에도 여성의 고위 직 비율은 현재 총 여성 취업자 수의 19.8%에 지나지 않는다. 이 것은 향후 정부가 고용의 양적지표 개선과 함께 고학력 여성 취업 의 질적 측면에 보다 능동적으로 대체해야 할 필요성을 일깨우는 부분이다.

정리하면 고학력화와 함께 진행된 대졸 여성의 경제활동 참가율 증가는 인적 자원 활용 측면에서 긍정적으로 평가할 부분이다. 그 렇지만 다른 한편 대졸 여성의 경제활동 증가가 취업의 질적인 측 면을 동시에 개선하면서 이루어지지 않은 점은 앞으로 우리 사회 의 과제로 남는다.

3. 취업현황 분석

대졸 여성의 취업현황과 취업상태는 대학 졸업 직후 신규 취업 률을 중심으로 취업 자료를 통해 드러난 성별 특성에 주목하여 살 펴보았다.

1) 대졸 신규 취업률

성별에 따라 서로 다른 특성을 보이는 대졸 청년층의 취업지표 는 여대생이 졸업 후 직면하게 되는 취업상황에 대한 양적인 설명 이다.

경제가 발전하면서 전반적으로 여성의 학력수준이 높아지고 그 에 따라 여성의 취업기회와 경제활동 참가율은 증가한다(Shapiro,

D. and Lois B. S., 1983). 청년여성들은 고임금의 안정된 일자리 (decent job)에 취업하기를 희망하지만 기업의 여성인력 수요는 제한되어 있다. 뿐만 아니라 여성인력의 활용이 저조한 직·간접적인 원인 중의 하나는 기업의 소극적인 여성인력 채용을 꼽을 수 있다. 대학 졸업생의 남녀 대기업 취업률과 정규직 취업률은 이러한 차이를 보여 주는 대표적인 지표이다.

우리는 2000년대[11] 들어 대졸자의 성별 취업률 격차가 소폭의 등락이 있긴 하지만 점차 완화되고 있음을 알 수 있다(<표 6> 참조). 같은 기간 여성의 대학 진학률이 큰 폭의 상승을 보인 것과 대조적으로 대졸 여성의 취업률은 증감을 반복하면서 완만한 상승을 보이는 것이 특징이다.

<표 6> 대졸 성별 신규 취업률 추이

단위: %

	1980	1985	1990	1995	1998	2000	2005	2009
남학생	83.4	67.6	65.1	69.2	54.1	58.6	67.7	70.2
여학생	55.2	31.7	39.7	50.0	45.8	53.4	62.3	66.1
격차	28.2	35.9	25.4	19.2	8.3	5.2	5.4	4.1
전체	73.0	52.1	55.0	60.9	50.5	56.0	65.0	68.2

주: 취업률 = 취업자/졸업자 − (진학자 + 입대자 + 취업불가능자 + 외국인유학생)×100.
자료: 교육과학기술부·한국교육개발원. 「교육통계연보」. 각 연도.

1980년대 초 대학의 정원증가로 인하여 80년대 중반부터 가시화된 고학력 여성의 취업난은 노동시장의 인력 수급 불균형에 기인한 것으로 볼 수 있다. 그런데 남학생보다 여학생이 노동력 과잉공

---

11) 4년제 대졸자의 성별 취업률 격차가 2002년(−3.2%)을 저점으로 2004년(5.8%)년부터 다시 커졌다가 이후 5%선에서 등락을 보이고 있다. 한편 전문대학 졸업생의 취업률은 남성이 84.3%, 여성이 84.0%(2008년 기준)로 성별 간 차이를 보이지 않는다.

급에 의해 더욱 크게 타격을 받은 이유는 여성 취업에는 경제적 요인 이외에 성별에 따른 사회적 역할에 대한 인식과 관련된 사회적 여건이 크게 작용하기 때문이다(이미정, 2002).

4년제 대학 졸업자의 취업률은 80년대 초반 70%를 넘는 높은 수준을 유지하다가 1980년대 중반 이후 50~60%대로 낮아졌다. 1980년대 초까지 우리나라는 경제의 고도성장으로 노동시장이 확대되면서 대졸자의 취업기회가 넓어졌다. 그러나 1980년 졸업정원제의 실시, 1995년 대학설립준칙주의라는 고등교육제도의 변화와 경기둔화의 영향으로 대학 졸업자의 취업률은 점차 낮아졌다. 그리고 1990년대 말부터 2000년대 초반까지의 취업률 하락은 IMF 경제위기에 따른 채용방식의 변화와 구조조정에서 비롯되었다. 우리는 여학생의 취업률이 지속적으로 상승하고 있지만 현재까지 남학생에 비해 일관되게 낮아 대졸 노동시장이 성별에 따라 영향받고 있음을 알 수 있다(<표 6> 참조).

2) 대졸 신규 취업자의 취업상태

지금까지의 추세를 보면 우리나라 고학력 청년여성인력 활용도는 양적인 면에서는 점차 개선되고 있다. 그러나 인력양성 면에서는 많은 비효율이 누적되었다. 앞으로도 청년여성의 노동시장 참여는 지속적으로 늘어날 것으로 전망되지만 이들 증가된 여성인력이 반드시 여성인력 활용의 질적 개선으로 이어질지는 미지수이다(최지희, 1999: 92).

고등교육기관 취업통계 자료[12]를 활용하여 졸업 직후 대졸자들의 성별과 전공에 따른 취업의 질적 상태(정규직 취업률, 전공일치 취업률)와 양적 지표(전공계열별 취업률)가 어떤 특성을 보이는지 알아보자.

취업률의 남녀 간 격차는 매년 완만하게 줄어들고 있으나 여성 대비 남성의 정규직 취업률이 13.1% 높아 여전히 고용구조의 성차를 드러내고 있다(교육과학기술부, 2009). 또한 졸업 직후 여대생의 정규직 취업률은 40%선을 유지하다가 30% 초반으로 급감하였고 정규직 취업률이 조금씩 하락하고 있는 것도 눈에 띈다(<그림 6> 참조).

<그림 6> 신규 대졸 성별 취업률과 정규직 취업률

단위: %

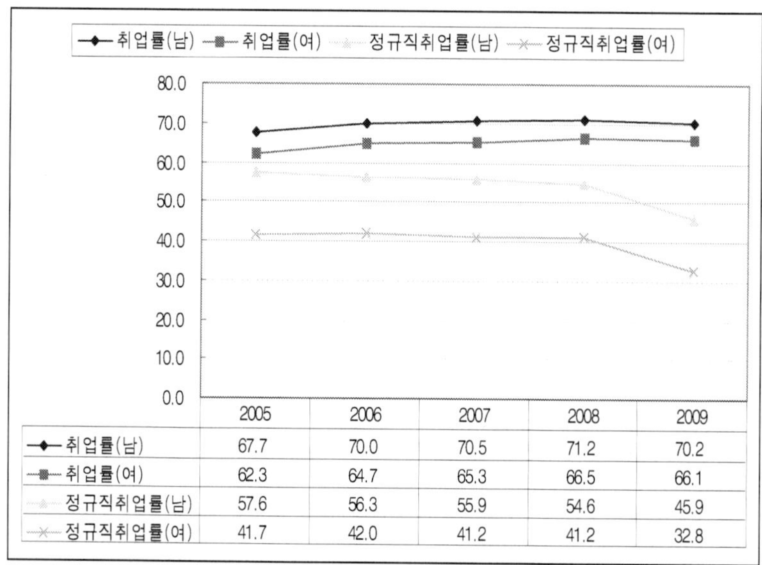

	2005	2006	2007	2008	2009
취업률(남)	67.7	70.0	70.5	71.2	70.2
취업률(여)	62.3	64.7	65.3	66.5	66.1
정규직취업률(남)	57.6	56.3	55.9	54.6	45.9
정규직취업률(여)	41.7	42.0	41.2	41.2	32.8

자료: 교육과학기술부. 2009.9.18. "2009년 대학 졸업자 취업률 발표". <http://www.mest.go.kr>

---

12) 교육과학기술부와 한국교육개발원이 공동으로 실시하는 '고등교육기관 졸업자 취업통계조사'는 2004년부터 매년 4월 1일을 기준으로 전년도 8월 졸업생과 조사연도 2월 고등교육기관 졸업생 전원을 대상으로 취업현황을 조사하고 있어 대졸 신규 취업자의 취업상태를 파악하는 데 유용한 자료이다.

학교급간 신규 대졸자의 성별 정규직 취업률과 전공 분야 취업률을 살펴보면 전문대학을 졸업한 학생들의 정규직 취업률은 60%에 가깝고 남녀 간 차이도 거의 없다. 반면 4년제 대학 여대생들은 정규직에 취업하거나 전공을 살려 취업하는 데 비교적 어려움이 따라 취업의 질적 측면이 만족스럽지 못하다. 4년제 대학 정규직 취업률은 전문대학에 비해 낮을 뿐 아니라 여학생의 정규직 취업률과 전공 분야 취업률이 매우 낮고 성별 간 차이도 비교적 크다 (<표 7> 참조).

<표 7> 학교급간 성별 정규직 및 전공 분야 취업률

단위: %

구분	학교급간	남학생	여학생	성별차이
정규직 취업률	전문대학	58.2	57.4	0.8
	4년제 대학	45.9	32.8	13.1
전공 분야 취업률	4년제 대학	54.6	45.4	9.2

자료: 교육과학기술부. 2009. 9. 18. "2009년 대학 졸업자 취업률 발표". 〈http://www.mest.go.kr〉.

대학의 전공계열별 취업률이 가장 높은 계열은 남, 여 모두 의약계열이고 예체능계열과 공학계열이 그 다음을 잇고 있다. 의약계열은 거의 100%에 가까운 취업률을 보이고 예체능계열은 최근에 등락을 보이며 70~80%의 취업률을 나타내고 있다. 반대로 인문, 사회, 자연계열 등은 취업률이 상대적으로 낮다. 특히 여학생의 경우 인문, 사회, 자연계열은 취업률이 대부분 60%를 갓 넘어 졸업 직후 여학생의 취업상황이 전공계열에 따라 큰 차이를 보여 이들 계열 대졸 여학생의 취업난을 읽을 수 있다(<표 8> 참조).[13]

---

13) 사회계열의 경우, 경상계열이 포함되어 있기 때문에 상대적으로 인문계열에 비해 취업률이

<표 8> 전공계열별 신규 대졸 취업률

단위: %

	성별	인문	사회	교육	자연(공학)	의약	예체능
1980	남	69.6	70.3	69.4	69.5	71.6	65.6
	여	58.6	54.7	62.5	44.7	79.2	39.3
1985	남	74.8	82.4	57.7	81.2	91.8	76.1
	여	37.5	31.9	42.2	34.8	96.8	43.8
1990	남	65.4	69.9	49.8	72.2	86.7	49.9
	여	41.6	43.2	60.3	43.8	92.7	64.5
1995	남	71.7	75.0	69.7	80.2	81.1	74.9
	여	57.4	59.6	58.5	55.7	87.8	60.8
1998	남	50.0	49.2	59.9	54.4	87.9	59.5
	여	42.9	42.6	50.9	41.3	81.4	48.8
2000	남	55.5	55.3	58.9	57.9	87.0	66.8
	여	49.1	52.5	53.0	51.2	85.5	55.0
2005	남	67.0	62.2	62.6	63.3(63.3)	89.8	79.3
	여	57.9	57.5	60.1	58.3(58.3)	90.0	71.5
2006	남	68.4	65.3	65.6	66.6(70.6)	88.8	82.5
	여	60.9	59.3	60.3	62.9(63.2)	90.2	73.2
2009	남	67.9	66.3	62.1	69.9(71.5)	88.4	77.5
	여	62.4	63.3	57.5	64.9(69.5)	90.5	70.8

주: 1) 취업률=취업자/졸업자-(진학자+입대자+취업불가능자+외국인유학생)X100
  2) 2004년부터 자연계열과 공학계열을 구분함.
자료: 교육과학기술부·한국교육개발원. 「교육통계연보」; 「취업통계연보」. 각 연도.

　　그런데 문제는 상당수 여대생들이 인력양성 단계부터 취업률이 낮은 인문계열, 사회계열[14] 비인기학과(순수학문 분야)나 자연계열 기초학문 분야에 주로 편중되어 있다는 것이다. 여대생의 전공계열 분포는 공학계열 학생 중 여학생의 비율이 13.5%로 가장 낮고 경

다소 높게 나타난다.

14) 매년 교육과학기술부와 한국교육개발원이 공동으로 실시하는 고등교육기관 취업통계 조사에서 대학의 계열은 인문, 사회, 교육, 공학, 자연, 의학, 예체능 계열로 구분한다. 사회계열은 사회과학 일반학과(법학포함)와 경상계열로 나뉘고 경상계열은 취업률, 정규직취업률, 전공일치취업률 등 취업관련 지표가 상대적으로 양호하다.

상계열이 35.0%로 그 뒤를 잇는다 (<표 9> 참조).

<표 9> 전공계열별 여대생 분포

단위: %

구분	인문	사회(경상)	교육	공학	자연	의약	예체능
여학생	19.5	30.6(16.0)	6.6	9.4	13.9	5.4	14.5
남학생	9.3	30.0(18.1)	2.9	36.4	10.9	2.6	8.0
여학생비율	55.9	38.3(35.0)	57.8	13.5	43.7	55.9	52.6

자료: 교육과학기술부·한국교육개발원. 교육통계서비스. ⟨http://cesi.kedi.re.kr⟩. 「2009 교육통계연보」.

여학생의 전공계열 편포현상은 이후에 노동시장의 성별직종분리와 제한적인 직업진출로 이어지고 재학 중인 여학생의 취업준비 범위와 분야를 협소화시키는 데 영향을 준다. 뿐만 아니라 취업성과 단계에서는 여대생들의 취업률을 낮추는 원인이 되고 전공관련 취업전망 또한 어둡게 하여 여학생의 사회적·경제적 성취를 저해하는 결과로 이어진다.

그러므로 인문·사회·자연계열 (순수)기초학문 전공 분야에 재학 중인 여학생들은 자신의 취업진로를 결정하는 데 어려움이 있고 재학 중에 여러 취업 분야를 탐색하고 시도하는 시행착오를 반복한다.

임용고시 준비도 조금하다 그만두고, (공무원) 9급시험, 은행권 이렇게 헤매다 보니 금세 4학년 돼 버린 거 있죠. 정작 잡지나 광고회사로 갈 마음 먹은 게 4학년 올라와서예요. 허둥지둥 취업 5종 세트(인턴십, 아르바이트, 봉사활동, 공모전, 자격증)를 준비하고 있기는 한데 너무 늦게 시작했어요. 토익점수도 안 좋고 경험치도 별루고 해서 다음 학기 휴학할까 생각 중이에요.

(지방 C 대학, 사학과 4학년)

반면 취업진로가 비교적 명확한 의약계열, 공학계열, 경상계열 학생들은 학과 전공을 살려 취업하기가 상대적으로 용이하고 취업률이나 취업의 질도 비교적 양호한 편이다.

4. 20세기의 실업과 21세기의 미취업

1) 대졸 여성의 실업

공식적인 취업률 통계치는 불완전 고용에 관한 정보를 포함하고 있지 않기 때문에 실제 대학 졸업자의 취업문제는 더욱 심각하다고 볼 수 있다(장원섭, 1997).

교육 정도별 실업률 추이를 살펴보면 대졸 이상 고학력층의 실업률은 2000년을 제외하고 여성이 높게 나타난다. 실업이란 일할 의사가 있고 구직활동을 하고 있는 사람이 일자리를 얻지 못하는 상태를 말한다. 따라서 고학력 여성은 일할 의사가 있고 구직활동을 하고 있지만 상대적으로 일자리를 구하기 어려워 실업상태에서 빠져 나오기가 쉽지 않다. 최근 실업률은 3~4%로 완전고용 상태에 근접해 있으나 이 수치는 불완전 취업이나 잠재적 실업률이 반영되어 있지 않다(<표 10> 참조).

1980년대 초·중반까지 대졸 여성의 실업률이 높았던 것은 다음과 같은 설명이 가능하다. 1980년은 2차 오일쇼크로 인한 경기침체와 10·26사건과 신군부집권으로 요약되는 불안한 정치상황이 맞물리면서 경제위기의 영향이 여성, 특히 대졸 여성과 고졸 여성에게 집중되었다. 1985년은 1980년 졸업정원제 실시 이후 졸업생이 배출

되면서 대학 졸업자 수의 증가와 경기부진으로 인해 대졸 여성의 취업이 어려웠던 시기로 풀이된다. IMF 경제위기 직후인 1998년 대학 졸업생의 실업률은 큰 폭으로 상승하였는데 경제위기 상황에서 기업이 신규채용을 대폭 줄이면서 청년층, 그중에서도 특히 여학생이 경기변동과 기업의 인력채용에 더욱 취약한 것으로 드러났다. 또한 IMF 경제위기 이후 고졸 실업률이 높게 나타나는 것은 고등학교를 졸업하고 대학에 진학하지 못한 베이비붐에코(1979~1986년생) 인력이 노동시장에 유입되면서 노동수요 부족과 맞물려 고졸 실업률이 높아졌다.

성별을 중심으로 자료를 해석하면 대졸 이상 학력층에서는 여성의 실업률이 더 높게 나타나는 현상이 발견된다. 이는 여성의 높은 대학 진학률을 감안할 때 대졸 여학생의 어려운 취업현실을 반영해 준다.

<표 10> 교육 정도별 실업률

단위: %

		1980	1985	1990	1995	1998	2000	2005	2009
중졸	남	7.4	5.3	2.3	2.0	9.8	4.9	3.7	3.5
	여	4.2	1.8	1.1	1.1	5.5	2.4	1.7	1.6
	격차	3.2	3.5	1.2	0.9	4.3	2.5	2.0	1.9
고졸	남	8.8	6.3	3.5	2.6	8.9	5.4	4.7	5.0
	여	10.7	5.0	3.1	2.4	7.3	4.7	4.4	3.6
	격차	-1.9	1.3	0.4	0.2	1.6	0.7	0.3	1.4
대졸 이상	남	5.6	5.9	4.1	2.5	5.6	4.3	3.2	3.4
	여	9.2	10.1	5.3	3.3	6.1	4.2	3.8	3.5
	격차	-3.6	-4.2	-1.2	-0.8	-0.5	0.1	-0.6	-0.1

자료: 통계청. 국가통계포털. 〈http://www.kosis.kr〉. 「경제활동인구연보」. 각 연도.

청년 실업률은 전체 실업률이나 다른 연령계층 실업률과 비교했을
때 2배에 달한다. 특히 대졸 여학생의 노동시장 입직 연령인 20~24
세의 실업률은 여성의 생애 중 가장 높은 실업률을 보인다(<표 11>
참조).

<표 11> 연령계층별 청년실업률

단위: %

	전 체 실업률	20~29	20~24			25~29			30~39	40~49	50~59	60세 이상
			계	남	여	계	남	여				
1980	5.2	8.1	10.3	13.3	7.3	5.8	7.1	2.0	3.8	2.9	2.5	0.6
1985	4.0	7.1	9.6	13.6	6.4	5.2	6.7	1.6	2.8	2.3	1.6	0.3
1990	2.4	4.9	6.3	9.3	4.5	3.9	4.9	2.0	1.6	1.2	1.1	0.4
1995	2.0	4.3	5.9	7.7	5.0	3.0	3.7	1.8	1.3	1.1	0.9	0.4
1998	6.8	11.4	14.8	19.4	11.8	9.3	11.0	6.6	5.5	5.2	5.2	2.4
2000	4.4	7.5	9.9	13.0	8.0	6.0	7.3	4.1	3.6	3.5	3.2	1.5
2005	3.7	7.7	9.9	12.1	8.6	6.4	7.8	4.7	3.3	2.5	2.5	1.3
2009	3.9	7.9	9.5	11.4	8.3	7.0	9.0	4.9	3.6	2.4	2.5	1.6

주: 1980~1998년은 경제활동인구 1주 기준.
자료: 통계청. 국가통계포털. 〈http://www.kosis.kr〉. 각 연도.

양 중심의 취업과 실업통계를 기초로 한 정책은 통계 속에 감추
어진 여성의 노동시장 내 차별 등 취업현실을 제대로 읽어내지 못
하는 측면이 있다. 실업통계 속에 감추어진 비경제활동인구나 불완
전 취업자의 대부분이 정부의 정책대상에 포함되지 못하고 실망실
업자는 노동시장의 완충제 역할을 하게 되는데 그 대표적인 집단
이 여성이다.

최근 공식 실업률은 3%로 낮아졌으나 체감실업률은 여전히 높
은 상태로 비경제활동인구 중 '취업준비자', '쉬었음'을 포함한 체
감실업률은 11.0%에 달한다. 여성이 고용여건 악화에 따른 타격을

주로 입었고 일자리 감소가 20~30대 청년층에 집중되었다. 20대 신규 취업자 수는 2004년 12월 이후 연속 감소세를 보이고 있으며 2009년 7월 현재 신규 취업자 수도 112,000명 감소하였다(현대경제연구원, 2009.9.4).

경제위기 이후 현재까지 지속되는 청년층의 고실업이 향후 노동시장에서 '남성＝1차적 생계부양자', '여성＝부차적 근로자, 산업예비군, 실업의 완충제'라는 이데올로기를 강화시킬 가능성이 있다는 점에서 주목해야 한다. 뿐만 아니라 여학생은 대학 졸업 후 잠재적인 취업 풀(pool)에서 어느 정도 머무르다가 아예 구직을 포기하고 노동시장 '밖'에서 대기하는 비경제활동인구가 되기도 한다.

2) 비경제활동상태와 미취업

개인적 측면에서 경제활동에 참여하지 않거나 미취업상태에 있는 것은 여학생들에게 향후 자신의 취업 경력에 낙인 효과를 가져올 뿐만 아니라 개인의 교육투자에 대한 수익률 또한 악화시킨다. 또한 사회적 측면에서도 고학력 여성 인적자원이 적절히 활용되지 못하는 손실을 가져온다.

취업통계의 문제점은 대부분 비경제활동인구로 분류되는 다수의 취업준비생, 취업을 포기한 실망실업자, 잠재적 실업자 등을 충실히 반영하고 있지 않다는 것이다.

〈표 12〉 노동가능인구 및 비경제활동인구

단위: 천명

	1990	1995	1998	2000	2005	2009
노동가능인구	30,887	33,558	35,347	36,186	38,300	40,092
남	14,907	16,276	17,124	17,522	18,616	19,596
여	15,980	17,382	18,223	18,664	19,683	20,496
비경제활동인구	12,348	12,761	13,919	14,118	14,610	15,698
남	3,877	3,842	4,272	4,522	4,762	5,278
여	8,471	8,972	9,647	9,596	9,848	10,420

자료: 통계청. 국가통계포털. 〈http://www.kosis.kr〉. 각 연도.

노동가능인구는 40,092,000명으로 2005년 대비 1,792,000명(4.5%) 증가하였고 비경제활동인구는 전년대비 447,000명 증가하여 사상 최대인 15,698,000명에 이르렀다. 그중에서도 특히 여성의 비경제활동인구는 10,420,000명으로 전체 비경제활동인구의 66.4%를 여성이 차지하고 있다(<표 12> 참조).

그렇다면 청년층 비경제활동인구는 구체적으로 어떤 활동상태에 있는가(<표 13> 참조).

〈표 13〉 활동상태별 비경제활동인구

단위: 천명

		2006	2007	2008	2009
전 체		14,784	14,954	15,251	15,698
남	계	4,885	4,960	5,117	5,278
	육 아	5	5	9	7
	가 사	146	138	142	145
	통 학[1]	2,122	2,194	2,259	2,255
	− 취업을 위한 통학(A)	119	113	119	106
	연로 및 심신장애	1,096	1,070	1,152	1,205
	그 외[2]	1,517	1,553	1,555	1,666
	− 비통학취업준비(B)	175	202	221	217
	− 쉬었음	1,033	1,072	1,108	1,208
	취업준비(A + B)	294	315	340	323

		2006	2007	2008	2009
	전 체	14,784	14,954	15,251	15,698
여	계	9,898	9,994	10,134	10,420
	육 아	1,504	1,491	1,550	1,592
	가 사	5,118	5,205	5,262	5,407
	통 학[1]	1,882	1,955	2,003	2,038
	− 취업을 위한 통학(A)	107	107	115	134
	− 비통학취업준비(B)	124	124	143	134
	− 쉬었음	245	250	244	266
	연로 및 심신장애	876	820	803	849
	그 외[2]	518	525	517	535
	취업준비(A+B)	231	231	258	268
	취업준비 전체	525	546	598	591

주: 1) 통학: 정규교육기관통학, 입시학원통학, 취업을 위한 학원·기관통학 포함.
　　2) 그 외: 비통학 취업준비, 진학준비, 군입대 대기, 쉬었음, 기타로 구분되어 있음.
　　3) 취업을 위한 통학과 비통학 취업준비 세항은 2003년부터 공표됨.
자료: 통계청. 국가통계포털. 〈http://www.kosis.kr〉. 각 연도.

취업준비를 목적으로 비경제활동상태에 있는 청년층은 50~60만 명에 이른다. 그런데 이들은 비경제활동인구로 분류돼 실업자에 포함되지 않는다. 오늘날 우리 사회에서 취업준비생 혹은 취업재수생은 미취업상태에 있는 비경제활동 청년층을 일컫는 하나의 사회적 용어로 자리 잡았다.

한편 여성 비경제활동인구 중 육아와 가사를 이유로 비경제활동상태에 있는 비율은 여성 총비경제활동인구의 67% 이상을 차지해 여성 비경제활동상태의 대부분을 설명해 준다. 이것은 여성의 생애주기가 여성 비경제활동상태의 주요한 요인임을 설명해 주는 부분으로 미흡한 모성보호제도와 보육지원책 부족이 여성의 경제활동에 걸림돌이 되고 있다.

학교 다닐 때하고 생각이 바뀐 부분인데 (……) 집안일 특히 아이 낳고 키우는 거예요. 학생 때는 그냥 어느 정도는 그렇겠지(라고) 생각했지. 이렇게 클 줄은 (……) 배려가 필요해요. 회사든 나라에서든. (……) 직장생활 정년까지 하고 싶은데 걱정이 많아요.

(D대학병원 정규직, 지방 D대학 아동벤처산업학과 졸업)

또한 우리가 <표 13>을 통해 알 수 있는 특이점은 비경제활동 이유로 '비통학취업준비'와 '쉬었음'을 꼽은 경우가 크게 증가했다는 사실이다. 이것은 청년층의 실망실업 또는 잠재적 실업을 설명해 주는 부분이다.

대졸자들은 국가고시 준비(공기업, 공무원, 각종 고시), 대기업 선호, 취업 눈높이 조정 보류(또는 실패) 등을 이유로 취업준비 기간을 더 갖기 위해 졸업 후에도 미취업상태로 남아 있는 경우가 상당수 있다. 현재 50~60만명에 달하는 청년 미취업자들이 취업준비나 국가고시 준비를 목적으로 미취업상태에 있다. 특히 취업준비나 국가고시 준비를 이유로 미취업상태에 있는 비율은 여학생이 집중되어 있는 전공계열에서 더욱 뚜렷하다(<표 14> 참조).

<표 14> 신규 대졸자의 성별·전공별 미취업 현황

단위: %

	취업준비		국가고시		진학준비		전업주부	기타		전체
	남	여	남	여	남	여	여	남	여	
총　　계	32.1	28.8	9.8	12.5	2.8	4.4	1.3	4.2	4.0	100.0
인문계열	18.3	44.9	4.5	12.0	3.3	6.4	2.3	2.6	5.6	100.0
사회계열	30.5	30.1	15.2	12.0	1.8	2.3	1.3	3.6	3.2	100.0
교육계열	5.1	8.7	21.9	56.5	0.9	2.0	1.0	1.0	3.0	100.0
공학계열	65.3	13.7	5.8	1.9	3.0	1.3	0.2	7.4	1.5	100.0
자연계열	26.3	35.9	5.9	10.1	4.8	8.6	1.0	3.3	4.2	100.0

	취업준비		국가고시		진학준비		전업주부	기타		전체
	남	여	남	여	남	여	여	남	여	
의약계열	18.7	31.2	14.3	9.9	4.0	4.6	2.3	6.3	8.6	100.0
예체능계열	19.9	40.1	1.6	2.6	4.2	12.8	3.2	5.4	10.2	100.0

주: 남성 전업주부 비율은 가장 큰 수치가 0.02여서 제외하고 구함.
자료: 한국교육개발원. 교육통계서비스. 〈http://cesi.kedi.re.kr〉. 「2009 취업통계연보」 재구성.

1980년대 중반 이후 대졸자의 급증은 한국 사회에서 대학 졸업자의 실업 또는 불완전 고용을 이미 하나의 현실로 만들었다. 대졸 인력의 과잉공급 상황 속에서 많은 대학 졸업자들은 적당한 일자리를 찾기 위하여 자발적 실업을 하든가 아니면 불완전 고용, 즉 하위직으로 이동한다(장원섭, 1997). 이것은 최근 들어 국가고시 준비를 포함한 취업준비가 대졸 청년층의 비경제활동과 미취업의 상당 부분을 설명해 주는 것과 맥을 같이 한다. 더군다나 지방대 여학생은 취업기회 불균등, 차별적인 고용관행, 여학생의 전공계열 편중과 취업 분야의 한정, 성별 직종분리로 설명되는 일련의 노동시장 상황이 여학생의 실업과 미취업을 가중시키는 촉매가 되고 있다.

제4장 대졸 여성, 취업구조를 알아야 한다

우리나라 대졸 여성의 취업구조를 이해하기 위해 종사상 지위, 산업별 분포, 직종별 분포, 직급별 분포, 기업체규모별 분포, 임금격차라는 6가지 자원을 동원하여 취업구조의 특징을 파악한다.

1. 종사상 지위

정규직과 비정규직 간에는 임금, 복리후생, 근무조건 등에서 상당한 격차가 존재한다. 종사상 지위는 여성의 직업지위를 나타내는 것으로 고학력 여성의 직업상태를 반영한다. 이를 살펴보는 것은 우리나라 여성의 취업현황과 구조를 이해하는 데 도움이 된다(<표 15> 참조).

〈표 15〉 종사상 지위별 대졸 남녀 취업형태

단위: 천명, %

		정규직	정규직비율	비정규직			비정규직 비율
				계	임시	일용	
1990	전체	5,938	54.2	5,011	3,171	1,840	45.8
	남	4,361	64.5	2,398	1,512	886	35.5
	여	1,577	37.6	2,613	1,659	954	62.4
1995	전체	7,499	58.1	5,400	3,598	1,802	41.9
	남	5,392	67.6	2,582	1,595	987	32.4
	여	2,107	42.8	2,817	2,003	814	57.2
2000	전체	6,395	47.9	6,965	4,608	2,357	52.1
	남	4,716	59.2	3,247	2,112	1,135	40.8
	여	1,679	31.1	3,718	2,496	1,222	68.9
2005	전체	7,917	52.1	7,268	5,056	2,212	47.9
	남	5,479	62.3	3,316	2,182	1,134	37.7
	여	2,439	38.2	3,953	2,874	1,079	61.9
2008	전체	9,007	55.6	7,200	5,079	2,121	44.4
	남	6,053	64.8	3,286	2,144	1,142	35.2
	여	2,954	43.0	3,914	2,935	979	57.0

주: 1) 경제활동인구조사에서는 상용근로자를 정규직, 임시직과 일용근로자를 비정규직으로 분류함.
　　2) 90년 이전: 상시(상용＋임시), 일용으로 구분함.
자료: 통계청. 「지난 30년간 고용사정의 변화」(1994). 「경제활동인구연보」 각 연도.

대졸 여성 취업자의 43.0%만이 정규직이고 57.0%는 비정규직이다. 여성 임금근로자의 비정규직 비율(57.0%)은 남성 비정규직 비율(35.2%)의 1.5배를 넘는다. 이와 같이 대졸 여성 취업자의 종사상 지위는 매우 불안정하다. 우리는 여성 상당수가 노동시장에서 비정규직 형태, 특히 임시직의 형태로 취업해 있다는 사실을 알 수 있다. 비정규직 비율이 높다는 것은 여성의 고용상태가 그만큼 불안정하다는 것으로 여성이 좋은 일자리에서 주변화되어 있음을 가리킨다.

이러한 현상은 수요 측면에서 여성노동자를 상용직으로 고용하는 것을 기피하는 현상 때문이기도 하고(차은영·유옥란, 2002), 남성과는 달리 여성의 경우 결혼과 출산, 육아 등 생애주기 특성으로 인한 경력단절에 의해 재취업시 비정규직으로 취업할 가능성이 높기 때문이기도 하다. 따라서 여성의 고용 불안정 요인을 해소하기 위해서는 여성 친화적 기업환경 조성과 경력단절에 의한 재고용의 어려움을 해소할 수 있는 직업능력개발 등 여성 고용안정화 및 지속화 방안이 필요하다.

2. 산업별 분포

대졸 여성의 산업별 취업구조는 대졸 남성과 차이를 보인다. 대졸 남성이 제조업(18.8%), 공공·개인·사회서비스업(18.7%), 도매 및 소매업(15.8%), 부동산 임대·사업 서비스업(10.0%) 등 전 산업 분야에 비교적 골고루 취업해 있는 것에 반해 대졸 여성 취업자는 공공·개인·사회 서비스업에 취업자의 52.8%가 취업하고 있어 절반 이상을 차지한다. 게다가 부동산 임대·사업 서비스업까지를 포함하면 서비스업 비중이 64.1%에 이른다(<표 16> 참조).

〈표 16〉 대졸 남녀 취업자의 산업별 분포

단위: 천명(%)

	계	남	여
농·림·어업	1,693(7.2)	1,682(8.2)	11(0.3)
광업	21(0.1)	21(0.1)	0(0.0)
제조업	4,079(17.3)	3,837(18.8)	242(7.6)
전기·가스 수도사업	91(0.4)	82(0.4)	9(0.3)
건설업	1,819(7.7)	1,749(8.6)	70(2.2)
도매 및 소매업	3,635(15.4)	3,227(15.8)	408(12.8)

	계	남	여
음식 · 숙박업	2,042(8.7)	1,904(9.3)	138(4.3)
운수 · 통신업	1,471(6.2)	1,398(6.9)	73(2.3)
금융 · 보험업	827(3.5)	635(3.1)	192(6.0)
부동산임대 · 사업 서비스업	2,408(10.2)	2,049(10.0)	359(11.3)
공공 · 개인 · 사회서비스업 및 기타	5,492(23.3)	3,811(18.7)	1,681(52.8)
전체	23,577(100.0)	20,392(100.0)	3,185(100.0)

자료: 통계청. 2008. 「2008 경제활동인구연보」.

우리는 <표 16>을 통해 특정 산업에 편중되어 있는 대졸 여성의 산업별 취업 특성을 읽을 수 있다.

3. 직종별 분포

여성 취업자의 직종별 분포는 노동시장에서 여성의 상대적 지위를 결정하는 중요한 요인이다. 이는 직종 자체가 임금이나 근로조건, 사회적 지위 등을 반영하기 때문이다(김선영, 2000). 직종분리는 노동시장 진입과 함께 임금과 근로조건에서 차이를 가져온다는 점에서 주목할 필요가 있다.

〈표 17〉 신규 대졸자의 성별 · 직업별 취업자 현황

단위: 명(%)

	남학생	여학생
관리자	806(0.9)	195(0.2)
전문가 및 관련 종사자	48,497(54.1)	46,112(56.8)
사무종사자	22,657(25.3)	25,198(31.0)
서비스종사자	3,635(4.1)	3,881(4.8)
판매종사자	5,520(6.2)	3,701(4.6)
농림어업 숙련종사자	682(0.8)	213(0.3)

	남학생	여학생
기능원 및 관련 기능 종사자	2,649(3.0)	513(0.6)
장치·기계 조작 및 조립종사자	2,744(3.1)	260(0.3)
단순노무자	1,930(2.2)	968(1.2)
군인	589(0.7)	128(0.2)
계	89,709(100.0)	81,169(100.0)

자료: 한국교육개발원. 교육통계서비스. 〈http://cesi.kedi.re.kr〉. 「2008 취업통계연보」.

직종별 취업자 분포는[15] 남학생이 졸업 후 비교적 전 직종에 고르게 진출하는 반면 여성은 특정 직종에 집중되는 현상을 보인다. 대졸 여성 취업자는 전문가 및 관련종사자(56.8%), 사무직(31.0%)에 집중되어 있고 남학생(54.1%)에 비해 전문가 및 관련종사자 직종 분포가 높은 것이 특징이다. 전문직 및 관련 종사자 직종에 여학생의 취업률이 높게 나타나는 이유는 여학생의 전공계열 분포가 교육계열, 의약학계열에 집중되어 있고 교사, 간호사, 강사 등의 직업이 전문직으로 분류되기 때문이다. 문제는 대졸 여성이 밀집되어 있는 관련전문가나 사무직종이 저임금이고 고용이 불안정하다는 것이다. 향후 우리나라는 산업구조가 고도화되고 3차 산업 비중의 확대가 예상되기 때문에 대졸 여성의 서비스직으로의 취업 확대를 예상할 수 있다.

다음은, 남녀 대졸자들이 주로 진출하는 직업군이다. 신규 대졸 남학생의 주요 진출 취업 분야는 공학과 경영관련 직업인 데 반해 여학생은 상당수가 하위 사무직(사무원 및 사무보조원 등) 내지는

---

15) 한국표준직업분류 6차 개정안이 2007년 10월 1일부터 사용되었다. 대분류는 국제표준직업분류를 원칙으로 하되 전문가와 준전문가를 통합하고 중분류는 직능유형(Skill Specialization)에 따라 분류한다. 개정된 한국표준직업분류의 대분류는 1. 관리자, 2. 전문가와 관련종사자, 3. 사무종사자, 4. 서비스종사자, 5. 판매종사자, 6. 농림어업숙련종사자, 7. 기능원 및 관련기능 종사자, 8. 장치·기계조작 및 조립종사자, 9. 단순노무 종사자, 10. 군인이다.

고용이 불안정한 교육관련 준전문가 직업층(강사 및 보육교사 등)에 밀집되어 있어 여학생의 취업 분야가 상대적으로 한정되어 있음을 알 수 있다(<표 18> 참조).

<표 18> 신규 대졸자의 성별 주요 진출 직업 분야

단위: %

순위	남학생		여학생	
	직업세분류명	비율	직업세분류명	비율
1	기획 및 마케팅 사무원	4.7	문리 및 어학강사	8.2
2	기계공학 기술자 및 연구원	4.3	총무사무원	5.3
3	총무사무원	3.8	예능강사	4.7
4	금융관련 사무원	3.2	간호사	4.3
5	제품 및 광고 영업원	3.0	기획 및 마케팅 사무원	4.2
6	생산 및 품질관리 사무원	2.9	금융관련 사무원	3.5
7	건축가 및 건축공학 기술자	2.7	기타 사무원	3.2
8	전자공학 기술자 및 연구원	2.6	보육교사	2.5
9	문리 및 어학강사	2.4	전산자료입력 및 사무보조원	2.3
10	기술영업원, 토목공학 기술자	2.0	상점판매원	1.9

자료: 한국교육개발원. 교육통계서비스. 〈http://cesi.kedi.re.kr〉. 「2008 취업통계분석자료집」.

전공계열별 학생분포에 따르면(<표 9> 참조), 남학생은 공학계열과 경상계열에 가장 많이 분포해 있고 이들 계열은 타 계열에 비해 취업률이 높기 때문에 대학의 전공계열 분포가 졸업 후 직업분포에 반영된 것으로 볼 수 있다.

4. 직급별 분포

대졸 여성 취업자의 직급별 분포에 따르면(<표 19> 참조), 대다수 여성은 비직급상태로 그 비율이 62.3%에 이르고 여성의 고위직

비율은 임원 3.0%, 부장 2.1%, 과장 1.9%에 불과하다. 대졸 여성의 하위직급 편중 현상은 크게 두 가지에서 원인을 찾을 수 있다. 먼저 많은 대졸 여성이 노동시장 입직단계에서 이미 승진이 제한된 직군으로 취업하면서 직업적 커리어와 상관없이 직장 내 승진 사다리에서 제외되는 경우이다. 다음, 여성의 경제활동 참가율 M -Curve에서 보듯이 여성은 가족과 모성의 역할이 집중되는 생애 기간 동안 잠시 노동시장을 이탈했다가 재진입하는 경력단절이 발생한다. 이처럼 여성의 불연속적인 취업경력은 직장에서 높은 직급으로의 승진을 방해한다. <표 19>는 관리직 및 고위직과 같은 조직 내 권력적 지위에서 여성의 부재현상을 나타내 준다. 이를 통해 우리는 고학력 여성 노동자의 경제적 지위가 간부급으로 이동하는 데 많은 장애가 존재한다는 사실을 알 수 있다.

〈표 19〉 직급별 대졸 남녀 취업자 수

단위: 천명(%)

	남	여
임원	175(10.8)	14(3.0)
부장	166(10.3)	10(2.1)
과장	159(9.8)	9(1.9)
계장	292(18.1)	34(7.2)
십장	300(18.6)	74(15.7)
조장	46(2.8)	19(4.0)
반장	20(1.2)	12(2.6)
비직급	454(28.1)	293(62.3)
계	1,615(100.0)	470(100.0)

자료: 노동부. 2008. 「임금구조기본통계조사」. 〈http://www.kosis.kr〉.

한국 사회에서 대부분의 기업과 조직들은 남성이 핵심업무를, 여성이 보조업무를 담당하는 인력구성 체계를 유지하고 있다. 대졸 여성은 직업적 위세가 낮은 직급에 집중적으로 고용되어 남성과는 달리 고학력이라는 인적 자본요소가 노동시장에서 제대로 실현되지 못하고 있다.

5. 기업규모별 분포

대졸 여성의 경우 30인 미만의 소규모 기업 취업비중이 높은 대신 30인 이상 기업에서는 대졸 남성의 비율이 높다(<표 20> 참조).

<표 20> 기업규모별 대졸 분포

단위: 천명(%)

	전 체	5~9인	10~29인	30~99인	100~299인	300~499인	500인 이상
남	1,851,360 (100.0)	230,880 (12.5)	405,470 (21.9)	413,609 (22.3)	304,978 (16.5)	126,777 (6.8)	369,647 (20.0)
여	656,216 (100.0)	122,526 (18.7)	164,802 (25.1)	129,216 (19.7)	86,579 (13.2)	42,604 (6.5)	110,489 (16.8)

자료: 노동부. 2008. 「임금구조기본통계조사」. <http://www.kosis.kr>.

<표 20>을 통해, 우리는 우리나라 대졸 여성의 취업구조 단면을 살필 수 있다. 대졸 여성의 경우 300인 이상 대기업에 취업하고 있는 비율은 23.3%로 대졸 남성 26.8%에 비해 낮을 뿐만 아니라 30인 미만 소규모 기업 종사자 비율이 남성은 34.4%로 3명 중 1명인 데 비해, 여성은 43.8%로 거의 절반 가까이에 이르며 성별 간 차이도 10%에 달한다.

대기업은 보편적으로 소규모 개인 사업장이나 중소기업에 비해

임금, 복리후생, 직업훈련 등 여러 가지 측면에서 구직자들이 선호하는 좋은 일자리이다. 그런데 신규 4년제 대졸자의 대기업 취업률은 성별 간 10%가량 차이를 보이고 그 격차는 전문대학보다 일반대학에서 더욱 뚜렷하다. 대학을 졸업한 남학생은 청년층이 좋은 일자리로 선망하는 대기업 취업이 가장 용이한 집단이다. 반면 4년제 대학을 졸업한 여학생은 전문대학을 졸업한 남학생의 대기업 취업률과 비슷하다(<표 21> 참조).

〈표 21〉 신규 대졸 성별 대기업 취업률

단위: 명, %

	남학생		여학생	
	취업자	대기업 취업비율	취업자	대기업 취업비율
전문대학	75,856	8.7	91,670	6.9
4년제 대학	89,709	18.5	81,169	9.6

자료: 교육과학기술부. 2008. 「2008 취업통계분석자료집」. 〈http://cesi.kedi.re.kr〉.

신규 대졸자의 대기업 진출비율이 높은 상위 10개 전공을 보면(<표 22> 참조), 경제학을 제외하고 모두 공학계열 전공이다. 여학생의 공학 전공 비율이 13.5%(<표 9> 참조)밖에 되지 않는다는 점을 고려할 때 여학생의 대부분은 청년층이 선망하는 좋은 일자리 취업이 어렵다는 것을 예상케 한다.

〈표 22〉 대기업 진출비율이 높은 전공

단위: 명, %

순위	학과 소분류명	대기업 취업자	대기업 취업비율
1	전자공학	2,586	49.2
2	기계공학	2,102	47.5
3	재료공학	344	45.7
4	금속공학	154	45.7
5	화학공학	813	40.2
6	항공학	236	39.7
7	산업공학	826	38.8
8	자동차공학	99	36.9
9	해양공학	414	36.4
10	경제학	1,238	36.2

자료: 교육과학기술부·한국교육개발원. 2008. 「2008 취업통계분석자료집」.

6. 임금격차

학력별 임금격차는 노동시장의 불평등과 고용의 질적 상태를 설명해 주는 척도이다. 대졸 여성 취업자의 월평균임금은 2008년 2,520천원으로 대졸 남성 3,915천원의 64.4% 수준에 지나지 않는다(〈표 23〉 참조).

〈표 23〉 교육 정도별 월평균임금과 임금격차

단위: 천원, %

		1990	1995	2000	2005	2008(임금격차)	
남	중졸 이하	587	932	1,494	1,958	2,288	100.0
	고졸	658	976	1,636	2,224	2,576	100.0
	초대졸	721	1,021	1,706	2,307	2,698	100.0
	대졸 이상	1,086	1,297	2,456	3,390	3,915	100.0

		1990	1995	2000	2005	2008	(임금격차)
여	중졸 이하	326	539	880	1,197	1,323	57.8
	고졸	401	613	1,090	1,494	1,695	65.8
	초대졸	497	721	1,190	1,634	1,891	70.1
	대졸 이상	739	985	1,753	2,283	2,520	64.4

주: 1) 월평균임금 = 정액급여 + 초과급여 + (연간특별급여 × 1/12)
　　2) 남성취업자(100) 임금대비 여성 취업자 임금수준.
자료: 노동부. 「임금구조기본통계조사」. 각 연도.

동일 학력임에도 불구하고 대졸 여성과 대졸 남성 간의 임금격차가 35.6%이고 전문대졸 남녀 간 임금 차이보다 크다. 대졸 여성은 고졸 남성과 비슷한 수준의 월평균 임금을 받고 있다는 점 또한 눈에 띄는 대목이다. 뿐만 아니라 대졸 이상 남녀의 임금격차는 계속해서 커지고 학력 계층 간 임금격차도 중졸 이하를 제외하면 대졸 남녀에서 가장 크게 나타난다.

한편 오호영(2006)은 수도권대학 졸업생과 지방대학 졸업생 간의 임금격차가 11.5%(수도권대학 졸업생 월평균임금: 1,975,200원, 지방대학 졸업생 월평균임금: 1,747,700원)에 이른다는 연구 결과를 내놓음으로써 대학의 서열화가 지방대생의 질적인 노동시장 성과에 영향을 미치고 있음을 설명하고 있다.

청년여성(25～29세)의 경제활동 참가율은 70%에 달하지만(<그림 4> 참조), 성별 또는 지방대학과 수도권대학 간 임금격차 등 노동시장 내 불평등 요인은 여전히 남아 있다.

채용업체 잡코리아가 4년제 대졸 취업준비생 1,157명을 대상으로 조사한 결과, 4년제 대졸 구직자의 초임 희망연봉은 2,143만원으로 조사되었다.[16] 외국계 기업 입사를 원하는 사람의 연봉 기대수준이 2,297만원으로 가장 높았고 이어 대기업(2,290만원), 공기업

(2,218만원), 중견기업(2,126만원), 중소기업(1,780만원)의 순이었다. 더구나 취업준비생의 임금 눈높이는 희망연봉이 지난해보다 117만원 감소해 더욱 낮아졌다(<표 24> 참조).

<표 24> 취업희망 기업별 희망연봉

단위: 만원, %

취업희망기업	희망연봉 평균		감소액	감소비율(%)
	2009년	2008년 하반기		
대기업	2,290	2,413	-123	-5.1
중견기업	2,126	2,214	-88	-4.0
중소기업	1,780	1,806	-26	-1.4
외국기업	2,297	2,455	-158	-6.4
공기업	2,218	2,309	-91	-3.9
전체	2,143	2,260	-117	-5.2

자료: 잡코리아 리서치. "취업희망 기업별 희망연봉수준". 〈http://www.jobkorea.co.kr〉.

실제 대기업과 중소기업의 신입사원 연봉 평균이 대기업 3,102만원, 중소기업 1,997만원 수준인 것을 고려하면 각각 73.8%, 89.1% 정도의 임금만 줘도 취직할 의사가 있다는 얘기다(<표 25> 참조).

<표 25> 대기업·중소기업 신입직 연봉평균 대비 희망연봉 평균

단위: 만원, %

연도	구분	희망연봉 평균	실제 신입연봉평균	실제 - 희망 차액	실제 - 희망연봉 비율(%)	
2009	대기업	2,290	3,102	812 (실제연봉의 26.2%)	73.8	평균 81.5
	중소기업	1,780	1,997	217 (실제연봉의 10.9%)	89.1	

16) 한편 대한상공회의소가 '서울·경기지역'의 대학생들을 상대로 신입사원 희망연봉을 조사한 결과 전체 60% 이상이 2,500만원 이상을 원한다고 답하여 수도권 학생들의 희망연봉이 상대적으로 높았다. 하지만 실제 중소기업 네 곳 가운데 세 곳은 초임 연봉이 2,500만원이 안 되었다(이성식. 2009).

연도	구분	희망연봉 평균	실제 신입연봉평균	실제 − 희망 차액	실제 − 희망연봉 비율(%)	
2008 하반기	대기업	2,413	3,093	680 (실제연봉의 22.0%)	78.0	평균 84.3
	중소기업	1,806	1,992	186 (실제연봉의 9.4%)	90.6	

자료: 잡코리아 리서치. "취업희망 기업별 희망연봉수준". 〈http://www.jobkorea.co.kr〉.

중소기업들은 임금격차 때문에 대학생들이 지원을 많이 하지 않는다고 보는 반면 대학생들은 오히려 고용불안을 가장 큰 이유로 꼽아(이성식, 2009) 노동 수요자와 공급자 간의 미스매치(mis-match)가 발견된다.

이상의 논의를 정리하면, 고학력 청년여성의 경제활동 참여율은 지속적으로 증가하였지만 여성의 취업구조는 비정규직 비율이 높은 불안정한 종사상 지위, 특정 산업 및 직종에 편중된 취업분포, 하위직급 밀집, 낮은 대기업 취업률, 저임금과 성별 임금격차가 특징으로 나타나고 있다. 이는 곧 성별에 따른 노동시장 분절을 의미하는 것으로 남성과 달리 여성에게는 고학력이라는 인적 자본요소가 노동시장에서 충분한 선호가치로 평가받지 못하고 있다.

결국 우리 사회 여성 취업활동에 대한 사회적 여건은 과거와 비교하여 많이 개선되었지만 여성의 노동시장 역할에 대한 소극적인 평가는 아직도 여성의 노동시장 진입이나 노동시장에서의 역할, 임금, 경제적 지위 등에 부정적인 영향을 미치고 있다(이미정, 2002).

제5장 지방대 여학생은 어떻게 취업을 준비하고 있나

이 장에서는 패널자료 분석결과를 활용하여 노동시장 입직 이전 단계에 있는 대학생들의 직업선택기준, 취업준비, 여성직업활동인식이 개인특성 변수와 대학관련 변수에 따라 집단별로 어떤 양상과 차이를 나타내는지 살펴본다.[17]

1. 자료의 분포와 분석

청년패널 대학생 및 대학원생 설문의 총 사례수는 1,163명이고 이 가운데 대학생은 1,123명이다. 최종 분석 사례수는 표본추출 과정을 거쳐 대학생[18] 중 야간 대학생 24명과 전문대생 281명을 제외하고 4년제 대학 재적생(재학생 700명, 휴학생 116명) 816명을 골라내었다. 자료 분석은 대학 졸업 후 진로를 '취업'이라고 응답한 578명과 '비취업'이라고 응답한 238명이 대상이다. 비취업 사례

---

17) 양적조사 관련 〈표〉와 〈그림〉자료는 p.111~123에 실었다.

18) 대학생은 패널대상자 중 현재 4년제 대학 주간에 재학 중인 자를 가리킨다.

수(238명)는 여학생들의 졸업 후 진로를 파악하기 위한 이분형 로지스틱분석에 사용하였다. 그러나 각 변수별로 결측 사례수가 다르게 나타나 실제 분석에서는 결측 값에 따라 사례수의 변화가 있다.

졸업 후 자신의 진로를 '취업'으로 정한 학생들의 학교생활 및 개인배경을 살펴보면 <표 26>과 같다(p.111 참조).

성별 구성비는 남학생 39.2%, 여학생 60.8%이다. 대학소재지는 전국 16개 시·도 지역에서 수도권대학(32.6%)은 서울, 인천, 경기 지역 소재대학을, 그 외 시·도 지역은 지방대학(67.4%)으로 나누었다.[19] 전공계열별 분포는 인문사회계열 44.3%(인문: 21.7%, 사회: 22.7%), 이공계열 36.8%이다. 특수계열(18.4%)은 의·약학계열 4.9%, 예체능계열 7.4%, 사범계열 6.1%를 포함하여 묶었다. 학년은 1, 2학년 61.1%, 3, 4학년 38.9%로 저학년 비중이 다소 높다. 전공만족도는 수도권대학생 70.3%, 지방대 학생 65.7%가 만족한다고 응답하여 만족도가 높은 편이었다. 취업을 준비하는 지방대 여학생의 사례수는 전체 578명 중 231명이고 비취업 사례수는 전체 238명 중 50명이다.

패널자료 분석을 위해 자료의 전체적인 분포를 파악하는 빈도분석을 실시하고 성별, 지역, 학교성적, 소득수준, 전공계열, 학년, 전공만족도 간 차이를 검정하기 위해 교차분석, T-검정, F-검정을 실시하였다. 신뢰도분석과 요인분석을 통해, ① 직업선택기준(일치와 만족요인, 조건과 환경요인)과 ② 여성직업활동인식(생애주기요

---

19) 수도권정비계획법시행령(1983.10.20. 제정)에 따르면, 수도권대학이란 수도권에 포함되는 서울특별시와 그 주변지역에 소재한 대학을 가리킨다. 수도권대학의 범위는 서울, 인천광역시 및 경기도 소재 대학을 칭한다. 이 글에서 지방대학이라 함은 수도권 이외의 지역에 소재한 대학을 의미하는 것으로 지방대학과 비수도권대학은 동일한 뜻으로 사용한다.

인, 차선적 선택요인) 변수를 각각 2개의 요인으로 재구성하여 차이검정을 실시하고 각 요인은 회귀분석의 설명변수나 종속변수로 사용하였다. 그리고 설명변수들이 졸업 후 진로(취업, 비취업)와 취업준비 여부, 여성직업활동인식에 미치는 영향을 알아보기 위해 이분형 로지스틱분석 및 회귀분석을 실시하였다.

2. 변수의 구성

변수는 ① 개인특성, ② 대학관련항목, ③ 취업준비, ④ 여성직업활동인식 4가지로 구성한다(p.112 <표 27> 참조).

개인특성변수는 성별, 학교성적, 소득수준[20]이고 비교집단(reference group)은 '남학생', 학교성적 '하위권', 소득집단 '하'로 한다.

대학관련변수는 대학소재지, 전공계열, 학년, 전공만족도이며 '수도권대학', '특수계열', '1학년(저학년)', '전공불만족'을 비교집단으로 한다. 대학별·성별 집단은 지방대 여학생, 지방대남학생, 수도권대여학생, 수도권대남학생으로 구분하고 '수도권대남학생'을 비교집단으로 한다.

취업준비변수는 ① 직업선택기준, ② 직업탐색과준비로 나누고 이들 변수를 통해 대학생들의 직업관, 직업탐색활동, 취업준비 실태를 알아본다. 직업선택기준은 5점 척도로 '전혀 중요하지 않다(1점)', '매우 중요하다(5점)'로 값이 클수록 해당 문항을 직업선택 시

---

20) 소득수준은 가구월평균소득＝(근로＋금융＋부동산＋기타소득)÷12로 계산하여 평균 288.52만원(통계청: 2006년 우리나라 월평균가구총소득: 3,068,859원)과 4분위수 하위 25% 200만원, 중위 279만원, 상위 25% 375만원을 고려하여 소득계층을 상(400만원 이상), 중(201~399만원), 하(200만원 이하) 3개 집단으로 구분하였다.

중요하게 고려한다. 직업선택변수는 개별문항 각각을 또는 요인분석을 통해 10개 문항을 2개의 요인으로 묶어 기술통계, 차이검정(T/F검정), 로지스틱 분석에 사용한다.

대학생들의 직업선택기준은 주성분 및 직교회전(varimax rotation) 요인분석결과 <그림 7>과 같이 2개의 요인으로 구분된다(p.122 참조).

직업선택기준의 두 요인은 ① 일치와 만족(문항 1, 2, 3, 4), ② (취업)조건과 환경(문항 5, 6, 7, 8, 9, 10)으로 이름 붙인다(p.113 <표 28> 참조).

직업탐색과 준비는 졸업 후 예상진로, 취업준비 여부, 취업결정과 준비시기, 취업희망기업, 취업정보 획득경로, 취업준비 어려움 문항에 대해 빈도와 교차, 로지스틱 분석을 통해 실태를 살피고 차이와 인과관계를 검정한다.

여성직업활동인식 변수의 문항선정은[21] 전체 신뢰도계수(Cronbach $\alpha = 0.711$)를 기준으로 총 10문항 가운데 3개 문항을 제거하였다. 요인분석결과, 여성직업활동인식은 <그림 8>과 같이 2개의 요인으로 구분된다(p.122 참조).

여성직업활동인식 변수의 두 요인은 ① 여성의 생애주기와 ② 차선적 선택으로 이름 짓는다. 여성직업활동인식은 4개 문항(문항

---

21) 여성직업활동에 대한 생각을 묻는 문항 중 ①, ②, ⑦ 문항은 신뢰도분석 결과 수정된 항목
　- 전체 상관관계 값이 각각 0.088, 0.036, 0.242로 0에 가깝고 항목이 삭제된 경우
　Cronbach α 값이 0.758, 0.741, 0.710로 증가한다. 이 세 문항은 다른 문항들과 방향성
　이 없이 독립적으로 움직이고 있으므로 분석에서 제외하고 7개 변수를 분석에 사용한다. 제
　외시킨 문항번호와 내용은 다음과 같다.
　① 어머니의 직업활동은 자녀의 정서발달에 도움이 될 것이다.
　② 집안일을 적절히 함께 할 수 있다면 기혼여성도 직업활동을 할 수 있다.
　⑦ 여성은 집안일과 직업활동을 동시에 할 수 있다.

6, 8, 9, 10번)을 여성생애주기로, 3개 문항(문항 3, 4, 5번)을 차선적 선택으로 각각 묶어 변수를 구성하였다(p.113 <표 29> 참조).

각 문항은 5점 척도로 이루어져 있는데 '전혀 그렇지 않다(1점)'는 여성직업활동에 대한 비전통적(또는 긍정적) 인식을, 반대로 '매우 그렇다(5점)'는 여성의 직업활동에 대한 전통적(또는 차별적) 인식을 나타낸다. 전통적(차별적) 인식이란 여성은 직장에서 관리직을 맡거나 적극적으로 직업활동을 하는 것보다 가사나 자녀양육과 같이 여성의 가정 내 책임을 강조하는 입장을 말한다.

<표 30>은 자료분석에 사용된 변수들의 기술통계를 제시한 것이다(p.114 참조). 변수의 기술통계 자료를 평균을 중심으로 해석하면 다음과 같다.

전공만족도는 수도권대학 남학생의 전공만족도가 가장 높고 반대로 지방대 남학생이 가장 낮다.

직업선택기준은 대체로 '대학소재지'에 따라 차이를 드러낸다. 대학생들은 직업을 선택할 때 대체로 '일치와 만족' 요인을 조건과 환경요인보다 중시하는데 그중에서도 '적성과 흥미'를 가장 중요하게 고려한다. 특히 수도권대학 남학생은 다른 집단에 비해 일치와 만족요인을 가장 중시한다. 한편 대학생들은 조건과 환경요인 가운데 ① 고용안정성, ② 임금과 수입, ③ 근로환경을 중시하고 지방대 여학생은 고용안정성을 직업선택시 가장 고려한다. 이것은 지방대 여학생이 취업희망기업으로 공공기관 취업을 우선적으로 꼽는 것과 연결된다(p.98 <그림 11> 참조).

여성직업활동인식은 '성별'에 따라 차이를 나타낸다. 여성생애주기와 차선적 선택 모두에서 여학생은 남학생에 비해 여성의 직업활동을 비교적 적극적으로 평가한다. 수도권대학 여학생은 차선적 선택을, 지방대 여학생은 여성생애주기 영향을 가장 비전통적으로 인식한다. 다시 말해 여학생들은 여성의 역할을 가정 내에 한정시키지 않고 가정과 직업활동이 병행가능하다는 인식태도를 가지고 있다.

여성직업활동인식에 대한 지방대 여학생의 적극적인 인식은 그러나 심층 면접에서는 조금 다른 양상을 나타낸다. 지방대 여학생은 졸업에 임박하면서 생애주기와 차선적 선택의 영향으로 취업목표를 하향 조정하거나 여성 직업활동인식이 우리 사회 관습과 많이 닮아 가는 모습이 관찰되었다. 이 부분이 바로 양적 수치 이면에 가려진 현실의 모습이 드러나는 곳이다. 양 자료는 현상을 읽는 매우 유용한 연구 도구임에 틀림없다. 하지만 수치 사이사이에는 숫자로 표현되지 않는 다층적인 현상의 '층'과 '결'이 존재한다. 이 글에서는 이 부분을 심층 면접을 통해 보완하여 다양한 취업현실의 모습을 담아내었다.

3. 취업준비활동 특성

취업준비활동 특성에서 다룰 주요 내용은 직업선택기준, 여학생의 졸업 후 진로, 취업준비 여부, 취업결정과 준비시기, 취업희망기업, 취업정보 획득과 취업준비 어려움이다. 지방대 여학생의 직업탐색과 취업준비활동 특성을 살피고 그 과정에서 취업장벽으로 이어지는 요인을 취업준비와 관련지어 찾아본다.

1) 직업선택기준

직업선택기준은 대학생들이 직업을 선택할 때 중요하게 고려하는 항목들로 학생들의 직업관을 알 수 있는 지표다. 직업선택기준이 남학생과 여학생, 수도권대학과 지방대학별로 어떤 차이를 보이는지를 살펴본다(p.115 <표 31> 참조).

> 대학생들은 대학소재지와 성별에 따라 직업선택기준이 다르게 나타난다. 수도권대학생은 지방대학생에 비해 일치와 만족요인을 더 중시하고 여학생은 남학생보다 조건과 환경요인을 더 중요하게 고려한다. 다만 일치와 만족요인 중 전공 분야는 성별 간에 차이를 보인다.
> 구체적으로 살펴보면 직업선택기준 변수를 ① 일치와 만족, ② 조건과 환경요인으로 나누어 집단 간 차이를 검정한 결과 일치와 만족요인은 대학소재지에 따라, 조건과 환경요인은 성별에 따라 통계적으로 유의한 차이를 보인다. 대학 간 차이를 살펴보면 수도권대학 학생은 직업을 선택할 때 지방대 학생보다 '적성과 흥미'를 더 고려한다. 성별 간 차이는 직업을 선택할 때 남학생은 '전공 분야(전공일치)'로 취업하는 것을, 여학생은 '임금과 수입, 직장근접성, 근로환경'을 보다 중시한다.

직업을 선택할 때 남학생 혹은 수도권 학생들이 현실적인 노동조건보다는 자신의 적성과 흥미에 맞고 전공을 살릴 수 있는 직업을 선택하는 경향이 있음을 보여 준다. 반대로 여학생들은 직장의 노동조건과 근무환경 등 직업이 가지는 외적 보상을 좀 더 고려한다. 그렇다면 여학생들이 직업의 외적 조건을 중요하게 고려한다는 것은 무엇을 의미하는가. 지방대 학생이나 여학생들은 이미 취업준비과정에서 졸업 후 노동시장 입직이 자신들에게 불리하다는 것을 인지하고 내적인 일치와 만족보다는 현실적인 취업조건들을 우선시한다고 해석할 수 있다(p.115 <표 32> 참조).

<표 32>는 지방대 여학생의 직업선택기준 차이를 나타낸다(p.115 참조). 직업선택기준 중 '일치와 만족요인'은 전공계열과 전공만족도 간에 통계적으로 유의한 차이를 보인다. 취업할 때 특수계열 학생이거나 전공만족도가 높은 지방대 여학생이 일치와 만족요인을 더 중요하게 고려한다. 한편 '조건과 환경요인'은 소득수준에 따라서 통계적으로 유의한 차이를 보이는데 소득수준이 높은 집단이 취업의 외적 조건을 중시한다. 그 외에 개인특성과 대학관련 변수는 통계적으로 유의한 차이를 보이지 않는다.

2) 여학생의 졸업 후 진로

여학생의 졸업 후 예상진로는 취업과 비취업 케이스 모두를 포함한 4년제 대학생 816명 중 여학생만을 케이스 선택하여 졸업 후 진로가 '취업'인 경우와 '비취업'인 경우를 비교하였다(p.116 <표 33> 참조).

설명변수 중 대학소재지, 전공계열, 학년집단, 여성생애주기가 종속변수(취업=1, 비취업=0)에 통계적으로 유의한 예측력을 갖는다.

지방대 여학생은 수도권대학 여학생보다 졸업 후 비취업보다 '취업'진로를 선택할 확률이 3.446배 높다. 그리고 인문사회계열이나 이공계열 여학생은 취업진로를 선택할 가능성이 특수계열 여학생보다 각각 1.911배, 2.453배 높다.

한편 종속변수와 음의 방향성을 갖는 유의미한 변수는 학년집단과 여성생애주기이다. 여학생들은 고학년이 될수록 저학년 때보다 비취업(취업 이외의 다른 진로)을 선택할 확률이 0.380배 높아지고 여성생애주기를 수긍하고 받아들일수록 취업보다 비취업을 선택할 가능성이 0.624배 커진다.

통계적으로 유의하지 않지만 직업선택기준 중 일치와 만족요인
은 여학생들이 취업과 비취업을 선택하는 데 별다른 영향을 미치
지 못한다(Exp(B): 1.093). 대신, 조건과 환경요인은 중요하게 고려
할수록 취업진로를 선택할 가능성이 1.143배 높아진다. 또한 종속
변수와 음의 방향성을 갖는 주요 변수로 성적, 소득수준(상), 전공
만족도가 높을수록 그리고 차선적 선택의 영향을 인정하고 긍정할
수록 비취업(취업 이외의 다른 진로)을 선택할 확률이 높아진다.

지방대 여학생들은 수도권 여학생들보다 취업진로를 보다 많이
선택한다. 그리고 여성의 직업활동에 대해 적극적인 인식태도를 가
진 여학생들이 취업진로를 많이 선택하지만 고학년이 되면서 비취
업으로 진로를 바꾸는 경향이 발견된다. 이러한 일련의 과정은 여
학생들이 고학년이 되고 입직에 가까워지면서 노동시장의 취업현
실과 취업장벽에 따른 어려움을 인지하고 취업 이외의 다른 진로
선택지도 고려하는 것으로 해석할 수 있다.

3) 취업준비 여부

졸업 후 진로를 '취업'으로 정한 578명의 학생은 취업을 선택한
가장 큰 이유로 '희망직업 또는 직장이 현 학력수준으로 충분하기
때문'이라는 이유를 들었고 다음으로 경제적 이유[22]를 꼽았다. 대
졸 학력이 취업을 하는 데 충분하다는 응답은 지방대 여학생, 고학
년, 특수계열 학생의 비율이 그리고 경제적 이유로 취업을 선택했
다는 응답은 지방대 남학생, 저학년, 이공계열 학생 응답비율이 높

---

22) '돈을 일찍 벌기 위해', '진학하기에는 집에서 학비를 감당할 수 없어', '가족이나 형제자매를
　　부양하기 위해', '결혼을 일찍 하기 위해'의 4문항은 경제적 이유로 묶었다.

았다(p.117 <표 34> 참조).

대학생들은 대체로 취업을 하기에 자신의 학력이 충분하다고 생각하고 있으며 취업진로를 결정한 이유는 주로 경제적 이유인 것으로 나타났다.

<표 35>는 졸업 후 진로를 '취업'으로 정한 대학생들을 대상으로 취업준비 여부에 대한 이분형 로지스틱분석 결과이다(p.117 참조). 설명변수는 취업준비 여부에 영향을 미칠 것으로 예상되는 성별, 대학소재지, 성적, 전공계열, 학년, 소득수준, 전공만족도, 직업선택기준이다.

취업준비 여부는 지방대학, 고학년, 적성과 흥미, 전공 분야가 통계적으로 유의한 설명력을 갖는다.

취업준비 여부는 대학소재지(지역)에 따라 유의한 차이를 보이고 성별 차이는 유의하지 않다. 다시 말해 취업준비 여부는 지방대학이냐 수도권대학이냐에 따라 차이를 보이는데 지방대 학생은 수도권대학 학생보다 취업준비확률이 2.057배가량 높고 고학년으로 될수록, 특히 4학년의 경우 취업준비확률은 1학년에 비해 59.331배나 증가한다.

직업선택기준변수 중에는 '적성과 흥미', '전공 분야'와 같은 일치와 만족요인이 취업준비 여부에 통계적으로 유의한 영향을 미친다. 특히 취업준비를 할 때 자신의 적성과 흥미를 중요시할수록 취업준비확률이 2.2배 높아진다. 즉 자신의 적성과 흥미에 맞는 일자리에 취업을 원하는 대학생들은 취업을 준비할 확률이 높다. 반면 전공 분야와 취업준비 여부는 음(-)의 인과관계가 존재한다.

통계적으로 유의하지 않지만 남학생보다는 여학생(1.630)이, 성적이 좋은 학생일수록(상위권: 3.943) 취업을 준비할 확률이 크다. 그리고 직업을 선택할 때 임금과 수입, 사회적 인정, 기업유망성을 고려하는 학생이 취업을 준비할 확률이 높다. 반면 소득수준이 높거나 전공에 만족하는 학생집단은 취업준비를 하지 않을 가능성이 크다. 이들 집단은 졸업 후 진학(유학 포함)이나 창업 등 취업 이외의 다른 진로 선택이 예상된다.

4) 취업결정과 준비시기

취업결정과 취업준비 시작은 대학소재지가 아니라 젠더의 문제로 나타난다. 즉 여학생은 취업결정시기와 취업준비시작시기 모두에서 남학생보다 늦다.

대학생들의 취업진로결정시기는 성별 간에 차이를 보인다(<그림 9> 참조). 수도권대학과 지방대학 모두에서 남학생들은 1학년 때 70% 가까운 학생들이 이미 취업진로를 결정하지만 여학생들은 50%에도 미치지 못한다. 수도권대학 남학생은 저학년 때 이미 88.4%가 취업진로를 결정했으나 지방대 여학생은 66.2%에 그친다. 여학생들끼리 비교했을 때 취업진로결정시기는 수도권대학 여학생이 지방대 여학생에 비해 다소 빠른 편이지만 큰 차이는 없다.

단위: %

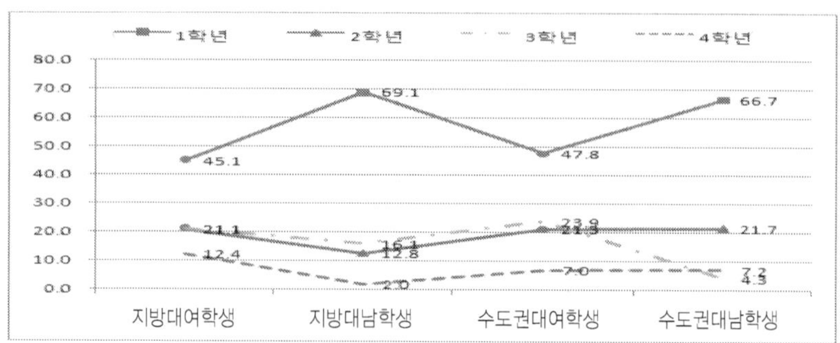

집단별로 취업준비시기를 살펴보면, 대졸자의 증가와 경제 저성장 등으로 대졸 청년 실업난이 심각한 상황임에도 불구하고 지방대 여학생의 대부분은 고학년이 되어서야 취업준비를 시작한다(<그림 10> 참조).

단위: %

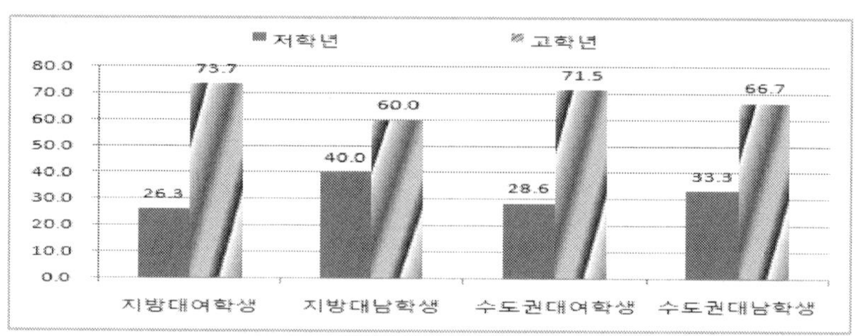

지방대 여학생의 취업준비시기는 수도권대학 및 지방대학 남학생에 비해 늦다. 그렇기 때문에 지방대 여학생의 재학 중 취업준비 기간은 그리 길지 못하다. 지방대 여학생의 26.3%가 저학년 때부터 취업을 준비하는 반면 지방대학 남학생(40.0%)이나 수도권대학 남학생(33.3%)은 보다 일찍부터 취업준비를 시작한다. 남학생은 재학 중에 군대라는 완충기가 있기 때문에 취업결정과 준비시작시기 사이에 간극이 있더라도 자신의 취업진로를 궁리하고 취업을 희망하는 직업에 대한 이해와 취업준비, 진로 수정에 있어 다소 시간적 여유가 있다. 하지만 완충기가 없는 여학생은 다르다. 취업결정과 준비시작시기 사이의 간극은 지방대 여학생들로 하여금 채용시장에서 원하는 충실한 취업스펙을 갖추는 데 불리하다. 다시 말해, 지방대 여학생의 늦은 취업준비시작은 졸업 전까지 노동 수요자가 원하는 취업스펙을 체계적이고 충분히 준비하는 데 불리하고 이러한 취업준비 특성은 결국 구조적인 취업장벽과는 별개로 지방대 여학생의 취업을 어렵게 하는 원인이 된다.

5) 취업희망기업

우리는 취업희망기업에서 두 가지 특징을 발견할 수 있다. 공공기관 선호는 성별 간에, 기업 취업은 대학소재지별로 차이를 나타낸다. 공공기관은 주로 여학생이 그중에서도 특히 지방대 여학생이, 대기업은 수도권대학생이, 중소기업은 지방대학생이 희망한다. 뿐만 아니라 여학생집단 간에도 대학소재지에 따라 기업 취업희망비율은 차이를 보인다(<그림 11> 참조).

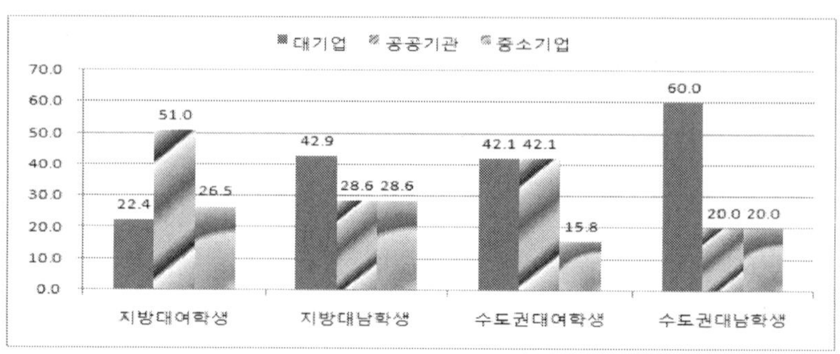

〈그림 11〉 취업희망기업

단위: %

먼저, 눈에 띄는 것은 지방대 여학생의 공공기관 선호도가 매우 높다는 점이다. 이것은 수도권대학 남학생이 대기업(60.0%)을 가장 선호하는 것과 대조를 이룬다. 지방대 여학생의 공기업 취업희망 비율은 51.0%로 수도권대학 남학생(20.0%)보다 31.0%, 수도권대학 여학생(42.1%)에 비해 8.9% 그리고 지방대 남학생(28.6%)과의 비교에서도 22.4%나 높다.

다음, 지방대 학생들은 중소기업 취업에 대해 대체로 긍정적이다. 지방대 학생들의 중소기업 취업희망 비율은 지방대 여학생 26.5%, 남학생 28.6%로 수도권대학 여학생 15.8%, 남학생 20.0%에 비해 높다.

이러한 결과는 여학생이나 지방대 학생들이 기업의 여성 채용기피, 지방대 취업난이라는 노동시장의 상황을 인지하고 선발기제의 영향을 덜 받는 공공기관 취업을 선호하거나 졸업 이전부터 자신의 취업목표를 현실가능한 취업선으로 눈높이를 조정(대기업에서 중소기업으로)한 데서 비롯된 것으로 보인다.

수도권대학 여학생은 <그림 1> 노동시장 장벽과 채용기제에서 수도권대학이라는 출신대학 배경에서 +요인을 가지고 있다. 그렇기 때문에 공공기관 선호는 지방대 여학생과 비슷하게, 대기업 선호는 수도권대학 남학생과 마찬가지로 높게 나타난다. 수도권대학 여학생의 공공기관 선호는 성별의 -효과가, 대기업 선호는 수도권대학의 +효과가 함께 작용한 것으로 볼 수 있다.

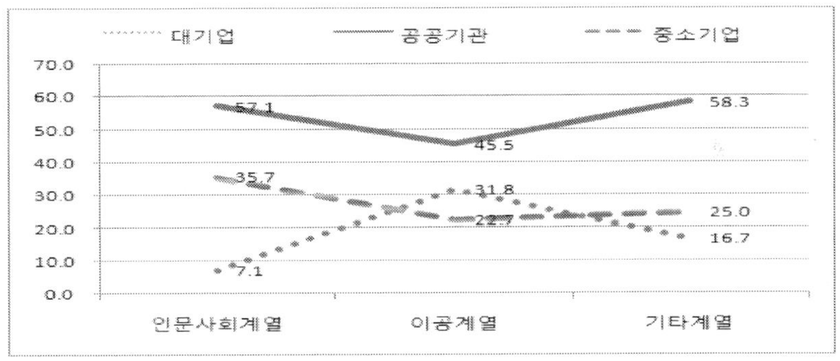

〈그림 12〉 지방대 여학생의 전공계열별 취업희망기업

모든 전공계열에서 가장 선호하는 취업희망기업은 공공기관이다. 이러한 수치는 최근 많은 대학생들이 취업진로로 공무원 시험을 쥰비하는 우리 사회 현실을 그대로 반영한다.

온라인 리쿠르팅 업체 잡코리아가 국내 기업채용담당자 504명을 대상으로 '2006년 취업시장 10대 뉴스'에 대해 이메일 설문조사를 실시한 결과 (복수응답), 1위는 '20대 취업자 수 21년 만에 최저'(59.1%), 2위는 '**대학생 공무원 선호 열풍**'(57.7%)이였다. 결과에서 알 수 있듯이 최근 대학생들 사이에서 직장을 선택할 때 고용안정성, 정년보장을 보다 중시하면서 공무원에 대한 선호도가 크게 증가하였다.

(잡코리아 리서치, 2006년 취업시장 10대 뉴스)

특히 지방대 인문사회계열 여학생의 경우 여성과 전공계열이라는 두 가지 요인이 결합되어 공공기관 선호도가 높게 나타난다. 대학 졸업 후 취업이 상대적으로 어려운 지방대 인문사회계열 여학생은 대다수가 공공기관 취업(57.1%)을 희망하여 이공계열 여학생이 대기업(31.8%)과 공공기관(45.5%)을 취업희망기업으로 고루 선택하는 것과 대조된다. 뿐만 아니라 지방대 인문사회계열 여학생의 대기업 취업희망 비율은 7.1%로 매우 낮지만 중소기업 취업희망 비율은 35.7%로 높다는 점도 눈에 띄는 특징이다.

6) 취업정보의 획득방법

취업정보를 얻는 통로는 크게 온라인 매체와 오프라인을 통한 방법으로 나뉜다. 대학생들이 취업정보를 획득하는 주된 경로는 정보매체(인터넷 및 언론매체), 학교, 개인관계망으로 요약할 수 있다 (p.118 <표 36> 참조).

취업정보 획득경로는 성별과 대학소재지에 따라 서로 다른 양상을 보인다. 성별 간 차이는 여학생의 취업정보 획득이 매체 중심적이라는 점이다. 여학생(지방대 여학생: 56.4%, 수도권대학 여학생: 36.7%)은 취업정보의 대부분을 매체를 통해 얻고 있다. 특히 지방대 여학생은 매체를 통해 취업정보를 얻는 비율이 56.4%(언론매체: 8.7%, 온라인매체: 47.7%)에 달해 지방대학 남학생 28.5%, 수도권대학 남학생 30.0%에 비해 월등히 높다. 게다가 지방대 여학생은 친구나 선후배 같은 개인관계망 활용비중이 낮아 취업정보 획득경로가 주로 인터넷과 같은 온라인 매체에 한정되어 있음을 알 수 있다. 따라서 지방대 여학생의 취업정보 수집은 인터넷을 통해 온라인상에 공개되어 있는 평면적인 취업정보를 검색하는 데 그치는 경우가 많을 수밖에 없다.

그런데 취업정보는 정보매체를 통해 생산되는 것 이외에도 오프라인에서 얻어지는 취업정보도 상당하므로 지방대 여학생은 취업정보 획득에서 상대적으로 열세에 놓이게 된다.

대학소재지별 차이는 취업정보 획득경로의 '한정성'과 '다양성'으로 대비된다. 지방대 학생들은 온라인 매체와 학교를 통해 주로 취업정보를 얻는다. 반면 수도권 학생들은 매체를 통한 취업정보 획득비율이 높긴 하지만 학교, 개인관계망 등 비교적 다양한 취업정보원을 활용하고 있다. 수도권에는 취업박람회, 기업설명회, 취업관련학원, 유명강사, 인턴십 기회, 동문연줄망 등 다양한 취업정보와 취업인프라가 집중되어 있으므로 수도권대학 학생들은 취업과 관련된 취업정보 자본 획득이 비교적 용이하다.

7) 취업준비의 어려움은 무엇인가

대학생들이 취업준비과정에서 겪는 어려움은 여러 형태로 나타나는데 취업정보와 경력 부족, 학력 및 자격 불일치가 주된 원인이다.

취업정보와 커리어 부족은 대학소재지별로 차이가 뚜렷하고 취업조건과 환경(수입, 근무환경)의 불일치는 남학생이, 성별이나 외모·학력 및 기능·자격의 문제는 여학생이 취업을 준비하면서 좀 더 고민한다.

지방대 여학생들은 취업준비 어려움으로 '취업정보 부족(36.8%)'

과 '경력부족(21.1%)'을 주로 꼽는데 이 부분이 수도권 학생들과 비교할 때 지방대 여학생이 취업 경쟁력에서 뒤지는 부분이다.

앞서 언급했듯이 지방대 여학생의 취업정보 부족은 취업정보 획득경로가 온라인매체 위주로 제한적이고 다양한 정보 활용이 원활하지 못한 데서 비롯된다. 그리고 경력부족은 인턴십, 현장경험 등의 취업준비기회 부족과 취업인프라의 지역 간 격차가 개입되어 성별 간, 대학 간에 차이를 드러낸다. 따라서 지방대 여학생은 기업에서 원하는 다양한 취업 커리어를 쌓는 데 물리적인 한계를 갖게 된다.

취업정보의 부족은 <표 37>에서 통계 수치로 나타난 이상의 다양한 의미를 담고 있다(p.119 참조). 먼저, 취업정보의 부족은 경기불황이나 일자리 부족으로 인해 원천적으로 취업정보의 생성이 제약되는 상황을 반영하는 것일 수도 있다. 그러나 부분적으로는 노동시장에 구인처는 있으나 이를 정보화하지 못하거나 정보가 취합되더라도 이것을 효과적으로 전달하는 시스템이 제대로 작동하지 못하기 때문에 나타난 결과일 수도 있다(채창균, 2002).

이성식(2009)의 연구에 따르면, 대학생의 51.4%는 중소기업 취업 시 어려움으로 '중소기업에 대한 정보부족'을 가장 많이 호소하였고 '우량 중소기업을 판단하기 어렵다'는 응답도 42.3%에 이르러 청년층의 중소기업 취업을 촉진하기 위해서는 중소기업에 대한 양질의 취업정보 제공이 필요한 것으로 나타났다.

구체적으로 대학생들이 궁금해하는 기업정보로 '급여수준'이 1순위를 차지하였고 그 다음으로 '회사의 미래비전', '복리후생제도' 등의 순서로 나타났다. 그런데 정작 대졸 신규인력 채용시 기업에서 공개하는 채용정보는 복리후생제도, 업무내용을 공개하는 중소기업은 많은 편이나 대학생들이 궁금해하는 급여수준, 회사의 미래비전, 회사생활 안내, 승진제도, 교육훈련 제도 등은 상대적으로 소수의 중소기업이 공개하고 있다.

그렇다면 지방대 여학생들이 공통적으로 취업정보가 부족하다고 말하는 것은 어떤 의미를 담고 있는가. 이는 상세하고 실질적인 재용정보의 부족과 함께 취업정보 탐색방법이나 취업희망 분야에 취업하기 위해서는 '무엇을 구체적으로 준비해야 하는지'에 대한 심층적인 취업정보를 잘 몰라서라는 의미를 포함한다.

> 설마 제가 ○○은행 들어가려면 내야 하는 제출 서류가 뭔지 몰라서 그러겠어요. 취업포털사이트나 학교 취업정보센터 같은 데서 나오는 정보는

(지방 C대학, 사회학과 3학년)

위의 인터뷰 내용은 지방대 여학생이 취업정보를 수용할 때 '선택과 집중'의 문제로 갈등하고 있음을 잘 보여 준다. 지방대 여학생은 어떤 정보를 선택해야 좋은지 그리고 과연 내가 제대로 취업정보를 취사선택했는지 나아가 어떤 방법으로 선택한 정보를 활용하고 어디에 집중해야 취업에 도움이 되는지를 두고 고민하는 것이다. 따라서 지방대 여대생에게 다양한 직업정보와 취업 커리어를 접할 수 있는 기회가 확대되어야 지방대 여학생의 한정된 직업선택 범위를 넓힐 수 있다. 게다가 지방대 여학생들은 '여자이기 때문에', '학력, 기능, 자격이 맞지 않아서'와 같이 젠더 고정관념과 학벌기제에 의해서도 취업준비에 어려움을 겪고 있다.

지방대 여학생의 직업세계로의 안정적인 진입을 가로막는 주요 원인은 지방대 여학생은 수도권 여학생에 비해 졸업 후 진로로 취업을 많이 선택하지만 진로결정시기가 늦고 고학년이 되어서야 취업준비를 시작한다는 것이다. 게다가 지방대 여학생은 취업희망 분야의 공공기관 한정, 자신이 원하는 분야에 대한 불충분한 취업정보와 커리어 부족 등의 문제를 안고 졸업과 함께 노동시장으로 배출된다.

결국 지방대 여학생은 노동시장 입직을 위한 체계적이고 전략적인 취업준비가 미흡하고 취업에 필요한 인적 자본 축적을 제약하는 구조적 장애와 차별요인들로 인해 좋은 일자리 취업에 어려움을 겪을 수밖에 없다. 따라서 지방대 여학생의 취업문제는 개인적 차원에서 이른 진로결정과 체계적인 취업준비에 노력을 기울이고 대학 차원에서는 취업정보 접근성을 개선하고 커리어 개발을 다양화하는 지원을 그리고 정부와 지방자치단체에서는 성별과 학벌 같은 취업장벽을 완화하는 대책을 마련해야 한다.

4. 여성의 직업활동인식

여성직업활동인식은 제6장 '취업장벽'과 제7장 '취업장벽에 적응하는 방식'에서 논의하게 될 성별요인의 사전적 이해와 관련된다. 여성직업활동인식이 개인특성 변수와 대학관련 변수별로 어떤 차이를 보이는지 살펴보면 다음과 같다(p.119 <표 38> 참조).

여성생애주기와 차선적 선택은 성별, 소득수준, 학년 간에 통계적으로 유의한 차이를 보이고 대학소재지별로는 유의한 차이를 보이지 않는다.

남학생이나 저학년 학생들은 여학생이나 고학년 학생들보다 직장 내 역할 분담이나 업무수행에 있어 여성의 능력과 역할을 소극적으로 평가한다. 이러한 인식은 여성의 하위직 담당, 가사책임, 부차적 생계보조자라는 전통적인 성역할 분업인식을 드러내는 것으로 여성의 직업활동을 차별적 혹은 제한적으로 인식한다. 반면 여학생이나 고학년 학생들은 자녀양육, 직장 내 역할 등으로 표현되는 생애주기와 차선적 선택에서 비롯되는 차별이나 제한에 대해 반대하고 여성 직업활동에 대해 긍정적으로 인식하는 경향을 나타낸다.

소득수준별 차이는 가구소득이 낮은 학생들이 여성의 직업활동을 보다 적극적으로 지지한다. 여성생애주기는 소득 하위층과 소득 중간·상위층 간에, 차선적 선택요인은 소득 하위층과 중간층 간에 차이를 통계적으로 유의미하게 구별한다. 즉 소득 상(중간)층 학생 집단은 여성의 직업활동을 비교적 전통적으로 인식하는 경향이 있다.

위의 결과를 젠더와 지역이라는 취업장벽과 관련지어 설명하면, 여성직업활동인식은 성별 간에는 유의미한 차이를 보이지만 대학 소재지(지역) 간에는 그 차이가 유의미하지 않다. 부연하면, 생애주기와 차선적 선택요인 모두에서 남학생은 여학생보다 여성의 직업 활동에 대해 성차별적 또는 성별 분리적인 인식을 가지고 있다.

지방대 여학생 집단의 권역별 여성직업활동인식을 집단 간 차이 검정을 통해 살펴보면 <표 39>와 같다(p.120 참조).

여성생애주기 요인은 호남권대학(2.585)과 다른 권역대학(충청권: 2.931, 영남권: 2.992) 간에 그리고 소득 하위층(2.644)과 상위층 (2.970) 간에 통계적으로 집단 간 차이를 구별한다. 다시 말해, 호남권대학이나 소득 하위층 지방대 여학생들이 여성직업활동에 비교적 적극적이고 긍정적인 입장을 취한다.

차선적 선택요인은 충청권대학(2.881)과 호남권대학(2.580) 간에 인식 차이를 보인다. 호남권대학 여학생들이 차선적 선택에 대해 비전통적인 입장인 반면 충청권대학 여학생들은 차선적 선택요인을 상대적으로 수용하는 인식 태도를 보인다. 즉 호남지역 대학에 재학 중인 여학생들이 직장 내 여성의 지위와 역할, 직업활동 범위에 대해 보다 확장적이고 적극적으로 인정하는 인식 태도를 가지고 있다.

다음에서는 개인특성과 대학관련변수가 여성직업활동인식과 어떤 인과관계가 있는지 살펴본다(p.120 <표 40> 참조).

다중회귀분석 결과, 설명변수 중 개인특성 변수인 성별, 소득수준만이 여성직업활동인식 변수를 설명하고 대학관련변수는 통계적으로 유의한 설명력을 갖지 못한다.

여성직업활동인식은 대학소재지가 아니라 성별에 따라 서로 다른 인식 태도를 보인다. 여학생 그리고 소득 하위층 학생이 남학생이나 소득 중상위층 학생에 비해 여성의 직업활동을 긍정적으로 평가하고 차별적인 선호나 성별 분리적인 역할책임에 반대하는 경향을 보인다.

변수들 간의 구체적인 인과관계를 살펴보면, 성별은 여성생애주기와 차선적 선택에 대해 음(-)의 방향으로 영향을 미친다. 여학생은 자녀양육, 가사책임, 모성성과 같은 여성생애주기 특성과 직업활동에 있어 남성이 여성보다 관리직에 적합하다거나 혹은 기혼여성의 직업활동이 가족에게 불편을 끼치지 않는 범위 내에서 가능하다는 차선적 선택을 지지하지 않는다.

수준별로는 소득 하위층보다 소득 중간층이 차선적 선택을 긍정한다. 여성생애주기는 소득 상위층과 중간층이 통계적으로 유의한 인과관계를 보이는데 독립변수의 상대적 영향력은 소득 중간층이 다소 크다. 즉 소득 하위층보다 상위층과 중간층 학생집단이 여성생애주기에 대해 남녀 간 성역할 분리나 차별을 지지하는 경향이 있다. 회귀식의 설명력은 그다지 높지 않은데 여성생애주기 변수의 설명력은 0.132이고 차선적 선택변수의 설명력은 0.051로 낮다.

통계적으로 유의하지는 않지만 주요 설명변수를 살펴보면, 지방대 학생은 수도권대학 학생과 비교했을 때 여성직업활동에 미치는 여성생애주기와 차선적 선택의 영향을 지지하고 수용하고 있다. 여성생애주기는 성별을 제외한 모든 설명변수들(학교소재지, 전공계열, 학교성적, 학년, 전공만족도, 소득수준)이 종속변수와 정(+)적인 관계를 보인다. 차선적 선택의 경우는 고학년, 특수계열보다는 인문사회계열 학생이 차선적 선택을 부정적으로 여긴다. 베타계수로 본 설명변수의 상대적 영향력을 중심으로 설명하면, 이공계열 학생, 성적 중위권, 고학년, 전공만족도 보통인 학생이 여성생애주기를 보다 지지하고 인정한다.

5. 요약 및 시사점

지금까지 패널자료 분석을 통해 지방대 여학생의 직업관, 취업준비현황 및 문제점, 여성직업활동인식을 살펴보았다. 또한 젠더와 지방대요인이 취업준비와 여성직업활동인식에서 어떻게 드러나는지를 파악하였다. 이상의 분석결과를 정리하고 지방대 여학생의 취업준비 특성과 실태에서 얻을 수 있는 시사점을 찾아보면 다음과 같다.

첫째, 직업을 선택할 때 수도권대학생은 지방대 학생에 비해 직업선택의 일치와 만족요인을 더 고려하고 여학생은 남학생보다 취업조건과 근무환경 같은 직업의 외적 보상요인을 더 중시한다. 지방대 여학생의 직업선택기준은 특수계열이나 전공만족도가 높은 여학생이 일치와 만족요인을, 소득수준이 높은 여학생이 취업의 외적 조건을 중시한다.

둘째, 지방대 여학생은 졸업 후 예상진로로 취업을 선택할 확률이 높지만 공공기관 선호나 재학 중에 취업 눈높이를 낮추는 형태로 취업을 준비하고 있다. 여학생의 졸업 후 진로는 지방대 여학생, 이공계열·인문사회계열 여학생이 '취업'진로를 선택할 가능성이 높았다. 그리고 여성의 직업활동을 적극적으로 인식하는 여학생들이 주로 취업진로를 선택하지만 고학년이 될수록 그리고 여성의 생애주기를 수긍하고 받아들일수록 취업이 아닌 다른 진로를 선택할 가능성이 커졌다. 이러한 일련의 과정은 여학생들이 입직에 가까워지면서 취업장벽에 따른 어려움을 인지하는 것으로 해석된다.

셋째, 취업준비 여부는 고학년이 될수록 그리고 지방대 학생이 수도권대학생보다 취업준비를 더 많이 하는 것으로 나타났다. 반면 취업결정과 취업준비 시작은 젠더의 문제로 여학생은 취업결정시기와 취업준비시작시기 모두가 늦었다. 지방대 여학생의 경우 늦은 취업결정과 고학년이 되어서야 시작하는 취업준비, 자신이 원하는 취업희망 분야에 대한 불충분한 취업정보, 정보취득의 매체 중심성, 취업희망 분야(공공기관)의 한정, 취업지원인프라 부속이 지방대 여학생의 취업을 어렵게 하는 원인으로 밝혀졌다.

넷째, 여성직업활동인식은 성별에 따라 유의한 인식 차이를 보였다. 생애주기와 차선적 선택 모두에서 여학생과 소득 하위층 학생은 남학생이나 소득 중상위층 학생에 비해 여성의 직업활동을 긍정적으로 평가하고 차별적인 성역할 책임이나 선호에 반대하는 경향을 보였다.

　자료분석 결과, 여학생의 직업선택기준은 임금과 수입, 근로환경 같은 외적 보상을 중시하고 여성직업활동인식이 비전통적(적극적)이었고 고학년이 되면서 취업에서 비취업으로 진로를 바꾸는 경향이 발견되었다. 한편 지방대 여학생은 수도권 여학생에 비해 취업진로를 많이 선택하지만 자신이 처한 노동시장 상황을 수용하면서 재학 중에 취업 눈높이를 하향 조정하였다.

　지방대 여학생은 졸업 후에 비취업보다는 취업진로를 선택할 가능성이 높고 취업준비를 가장 많이 하는 집단이다. 그렇지만 취업준비가 체계적이지 못한데 이것은 지역 간 취업인프라 격차와 맞물려 지방대 여학생의 취업을 어렵게 하는 원인이 되었다. 또한 여학생들은 여성의 직업활동에 대해 긍정적(적극적)이고 비전통적인 인식을 가지고 있음에도 불구하고 취업준비과정에서 생애주기 영향 또는 차선적 선택의 형태로 여성의 성역할을 수용하고 있었다.

::: 제5장의 양적 조사(패널 데이터) 관련 자료

* 표 자료

〈표 26〉 분석자료의 인력특성

단위: 명, 만원(%)

			수도권대학	지방대학	전체
성 별	남		71(38.4)	151(39.5)	222(39.2)
	여		114(61.6)	231(60.5)	345(60.8)
소득수준	상(400＋)		69(38.3)	68(19.2)	137(25.7)
	중(201~399)		79(43.9)	166(46.9)	245(45.9)
	하(~200)		32(17.8)	120(33.9)	152(28.5)
학교성적	상위권		114(61.6)	208(54.5)	322(56.8)
	중위권		68(36.8)	155(40.6)	223(39.3)
	하위권		3(1.6)	19(5.0)	22(3.9)
전공계열	인문사회계열		90(51.4)	151(40.9)	241(44.3)
	이/공계열		64(36.6)	136(36.9)	200(36.8)
	특수계열	의/약학	2(1.1)	26(7.0)	28(4.9)
		예체능	13(7.4)	29(7.9)	42(7.4)
		사범	13(3.4)	27(7.3)	33(6.1)
		소계	28(11.9)	82(22.2)	103(18.4)
학 녀	1학년		52(28.1)	136(35.6)	188(33.2)
	2학년		63(34.1)	98(25.7)	161(28.4)
	3학년		40(21.6)	83(21.7)	123(21.7)
	4학년		30(16.2)	65(17.0)	95(16.8)
전공만족도	불만족		7(3.8)	23(6.0)	30(5.3)
	보통		48(25.9)	108(28.3)	156(27.5)
	만족		130(70.3)	251(65.7)	381(67.2)

주: 1) 집단별로 결측케이스를 제외하여 사례 수에 차이가 있음.
   2) 전공과 졸업 후 진로가 명확히 관련되어 있는 의/약학, 예체능, 사범계열은 특수계열로 묶음.
   3) 전공만족도는 불만족(매우 불만, 불만), 보통, 만족(매우 만족, 만족)으로 묶음.

<표 27> 연구변수의 구성

구분	변수		문항내용
개인특성	성별 학교성적 소득수준		남*, 여 상위권, 중위권, 하위권* 상, 중, 하*
대학관련	대학소재지 전공계열 학년(집단) 전공만족도(집단) 대학별성별집단		수도권대학*, 지방대학 인문·사회, 이공, 특수(의약학, 예체능, 사범)* 1*·2(저학년)*, 3·4(고학년) ① 매우 불만~⑤ 매우 만족(불만족*, 보통, 만족) 지방대여학생, 지방대남학생, 수도권대여학생, 수도권대남학생*
취업준비	직업선택기준 (5점)	일치와 만족	① 적성과 흥미 ② 전공 분야 ③ 사회적 인정 ④ 자기발전추구
		조건과 환경	⑤ 임금과 수입 ⑥ 고용안정성 ⑦ 직장근접성 ⑧ 시간적 여유 ⑨ 기업유망성 ⑩ 근로환경
	직업탐색과 준비		졸업 후 진로 취업준비 여부 취업결정과 준비시기 취업희망기업 취업정보 획득경로 취업준비 어려움
여성직업활동 인식	여성생애주기 (5점)		⑥ 어머니는 자녀의 일차적인 양육자여야 한다 ⑧ 기혼여성이 있어야 할 곳은 직장보다 가정이다 ⑨ 기혼여성은 집안일과 자녀양육이 가장 중요한 일이다 ⑩ 기혼여성은 직업적 성공보다는 현명한 어머니이자 좋은 아내(현모양처)여야 한다
	차선적 선택 (5점)		③ 관리직에는 남성이 여성보다 적임이다 ④ 기혼여성의 직업활동은 가족에게 불편을 끼치지 않는 경우만 가능하다 ⑤ 비정한 비즈니스에는 남성이 여성보다 더 적합하다

주: 1) 전공계열: 인문계열과 사회계열을 묶어 인문사회계열로 사용하기도 함.
　　2) 성적: 상위권＝상위권·중상위권, 중위권＝중위권, 하위권＝중하위권·하위권으로 묶음.
　　3) 여성직업활동에 대한 생각을 묻는 설문문항 중 ①, ②, ⑦번 문항은 제외함.
　　4) *: 비교집단을 표시함.

〈표 28〉 직업선택기준 요인적재값

문항	일치와 만족	(취업)조건과 환경
전공 분야	.782	.040
적성과 흥미	.764	.047
자기발전 추구	.623	.347
사회적 인정	.601	.251
시간적 여유	.079	.742
임금과 수입	.082	.687
근로환경	.235	.648
직장근접성	.083	.635
고용안정성	.143	.627
기업유망성	.327	.561

〈표 29〉 여성직업활동인식 요인적재값

문항	여성생애주기	차선적 선택
문항③: 관리직 남성 적임	.032	.832
문항④: 기혼여성 직업활동범위 한정	.189	.793
문항⑤: 비즈니스 남성 적합	.427	.611
문항⑥: 자녀의 일차적 양육자	.879	.133
문항⑧: 가정 우선	.784	.283
문항⑨: 가사와 양육책임	.783	.275
문항⑩: 모성과 아내역할 강조	.682	.036

〈표 30〉 변수의 기술통계

		지방대 여학생 M(std)	지방대 남학생 M(std)	수도권대 여학생 M(std)	수도권대 남학생 M(std)
소득 수준 (만원)	상	446(75.69)	452(64.32)	477(133.06)	455(53.30)
	중	281(44.68)	280(44.19)	282(44.73)	297(36.14)
	하	145(39.94)	140(56.87)	136(56.30)	146(48.82)
전공만족도(5점)		3.74(.77)	3.62(.67)	3.75(.77)	3.82(.59)
		① 매우불만족 ② 불만 ③ 보통 ④ 만족 ⑤ 매우만족			
직업 선택 기준 (5점)	일치와 만족	4.11(.46)	4.07(.43)	4.14(.53)	4.25(.52)
	− 적성과 흥미	4.39(.56)	4.35(.60)	4.49(.59)	4.54(.65)
	− 전공 분야	4.11(.69)	4.15(.65)	4.11(.84)	4.34(.75)
	− 자기발전 추구	4.23(.61)	4.11(.67)	4.23(.66)	4.30(.57)
	− 사회적 인정	3.71(.70)	3.68(.63)	3.74(.75)	3.82(.76)
	조건과 환경	4.06(.46)	3.95(.46)	4.07(.46)	4.04(.49)
	− 임금과 수입	4.38(.52)	4.23(.61)	4.37(.55)	4.42(.71)
	− 고용안정성	4.49(.54)	4.34(.58)	4.42(.65)	4.45(.65)
	− 직장근접성	3.36(.92)	3.23(.79)	3.46(.89)	3.26(.95)
	− 시간적 여유	3.74(.70)	3.66(.82)	3.73(.79)	3.63(.76)
	− 기업유망성	4.09(.67)	4.13(.68)	4.16(.78)	4.12(.84)
	− 근로환경	4.26(.59)	4.09(.64)	4.24(.64)	4.33(.65)
	① 전혀 중요하지 않다 ② 중요하지 않다 ③ 보통이다 ④ 중요하다 ⑤ 매우 중요하다				
여성 직업 활동 인식 (5점)	여성생애주기	2.88(.73)	3.33(.68)	2.93(.73)	3.27(.77)
	− 자녀일차적 양육자	3.38(.98)	3.54(.90)	3.56(.89)	3.73(.92)
	− 가정 우선	2.59(.87)	3.18(.87)	2.61(.87)	3.01(1.02)
	− 가사와 양육책임	2.90(.91)	3.37(.86)	2.82(.98)	3.23(1.01)
	− 모성과 아내역할 강조	2.68(.88)	3.26(.80)	2.74(.92)	3.13(.84)
	차선적 선택	2.76(.66)	3.00(.65)	2.73(.72)	2.95(.78)
	− 관리직 남성 적임	2.88(.86)	3.01(.83)	2.90(.95)	3.01(1.02)
	− 기혼여성 직업활동범위 한정	2.58(.89)	3.03(.88)	2.58(.91)	2.86(.88)
	− 비즈니스 남성 적합	2.82(.86)	2.97(.84)	2.74(.88)	2.99(.90)
	① 전혀 그렇지 않다 ② 그렇지 않다 ③ 보통이다 ④ 그렇다 ⑤ 매우 그렇다				

주: 1) 직업선택변수는 평균값이 클수록 중요하게 고려.
    2) 여성직업활동인식은 평균값이 클수록 여성직업활동에 전통적(차별적) 입장임.

<표 31> 집단 간 직업선택기준의 차이

		사례 수	평균	표준편차	t
일치와 만족	수도권대학	185	4.18	.533	1.895[†]
	지방대학	382	4.10	.451	
- 적성과 흥미	수도권대학	185	4.51	.618	2.525*
	지방대학	382	4.37	.580	
- 전공 분야	남	226	4.22	.689	1.742[†]
	여	352	4.11	.746	
조건과 환경	남	226	3.98	.474	- 1.998*
	여	352	4.06	.465	
- 임금과 수입	남	226	4.29	.649	- 1.793[†]
	여	352	4.38	.531	
- 직장근접성	남	226	3.25	.855	- 1.869[†]
	여	352	3.39	.912	
- 근로환경	남	226	4.17	.647	- 1.670[†]
	여	352	4.26	.608	

주: 1) [†] p<0.1, *p<0.05, **p<0.01, ***p<0.001
　　2) 일치와 만족요인은 직업선택시 고려사항 4문항, 조건과 환경요인은 6문항 총화평점척도.

<표 32> 지방대 여학생의 직업선택기준 차이

		평균	표준편차	F값	유의확률
일치와 만족	인문사회계열	4.07[A]	.490	4.576*	.011
	이공계열	4.04[A]	.411		
	특수계열	4.27[B]	.420		
	전공불만족	3.85[A]	.431	3.396*	.035
	전공보통	4.07[AB]	.408		
	전공만족	4.15[B]	.453		
조건과 환경	상	4.24[A]	.481	5.565**	.004
	중	4.08[B]	.470		
	하	3.96[B]	.435		

주: 1) *p<0.05, **p<0.01, ***p<0.001
　　2) 같은 문자는 집단 간 통계적으로 유의한 차이가 없음을 나타냄.

<표 33> 여학생의 졸업 후 진로 이분형 로지스틱분석 결과

취업(1)		B	S.E	Exp(β)
대학소재지	지방대학 (기준: 수도권대학)	1.237***	.302	3.446
성 적	상위권	−19.293	13642.375	.000
	중위권	−19.976	13642.375	.000
	(기준: 하위권)			
전공계열	인문사회계열	.647[+]	.355	1.911
	이공계열	.877*	.432	2.453
	(기준: 특수계열)			
학년집단	고학년 (기준: 저학년)	−.968**	.322	.380
소득수준	상	−.028	.361	.972
	중	.629	.373	1.876
	(기준: 하)			
전공만족도	만족	−.634	.732	.530
	보통	−.726	.756	.484
	(기준: 불만족)			
직업선택기준	일치와 만족	.089	.332	1.093
	조건과 환경	.133	.347	1.143
여성직업활동	여성생애주기	−.471*	.231	.624
	차선적 선택	−.225	.255	.793
상수		22.194	13642.376	4.353
N			388	
−2 log likelihood			313.684***	
Cox & Snell R^2			.140	
Nagelkerke R^2			.227	

주: 1) [+] p<0.1, *p<0.05, **p<0.01, ***p<0.001
  2) 비취업은 상급학교진학, 유학, 편입학, 창업, 직업훈련 및 준비, 군입대, 결혼, 기타를 포함.

〈표 34〉 취업선택이유

단위: 명, %

	대학별 성별집단				학년		전공계열		
	지방대 여학생	지방대 남학생	수도권대 여학생	수도권대 남학생	저학년	고학년	인문 사회	이공	특수
희망직업 또는 직장이 현 학력수준으로 충분	45.9	35.1	43.9	45.1	40.2	46.2	43.5	33.8	57.7
사회적 경험	21.6	29.8	19.3	22.5	24.4	22.2	19.9	28.9	22.1
경제적 이유	29.0	32.5	30.7	25.4	30.3	28.9	31.7	32.8	18.3
주변 권유	1.3	1.3	6.1	2.8	3.7	0.4	4.1	1.0	1.0
기 타	2.2	1.3	0.0	4.2	1.4	2.2	0.8	3.4	1.0
합 계	231 (100)	151 (100)	114 (100)	74 (100)	353 (100)	225 (100)	246 (100)	204 (100)	104 (100)

주: 1순위만 분석.

〈표 35〉 취업준비 여부 이분형 로지스틱분석 결과

취업준비 여부(1)		B	S.E	Exp(β)
성 별	여학생 (기준: 남학생)	.489	.367	1.630
대학소재지	지방대학 (기준: 수도권대학)	.721[*]	.359	2.057
성 적	상위권	1.372	.923	3.943
	중위권	.793	.928	2.210
	(기준: 하위권)			
전공계열	인문사회계열	−.381	.422	.683
	이공계열	.689	.435	1.991
	(기준: 특수계열)			
학 년	4학년	4.083[***]	.535	59.331
	3학년	1.724[***]	.533	5.604
	2학년	.572	.574	1.772
	(기준: 1학년)			
소득수준	상	−.183	.438	.832
	중	−.318	.382	.728
	(기준: 하)			
전공만족도	만족	−.038	.649	.963
	보통	−.343	.684	.709
	(기준: 불만족)			

취업준비 여부(1)		B	S.E	Exp(β)
직업선택기준	적성과 흥미	.789*	.3232	2.200
	전공 분야	− .834***	.238	.434
	자기발전 추구	− .038	.303	.963
	사회적 인정	.394	.251	1.482
	임금과 수입	.571	.309	1.770
	고용안정성	− .406	.299	.667
	직장근접성	− .157	.209	.855
	시간적 여유	− .181	.260	.835
	기업유망성	.174	.243	1.189
	근로환경	− .006	.285	.994
상수		− 6.854***	2.120	.001
N		511		
− 2 log likelihood		298.276***		
Cox & Snell R2		.267		
Nagelkerke R2		.451		

주: *p<0.05, **p<0.01, ***p<0.001

〈표 36〉 취업정보 획득경로

단위: %

	지방대학 여학생	지방대학 남학생	수도권대학 여학생	수도권대학 남학생	전체
학교	26.3	57.1	37.0	30.0	37.1
친구 또는 선후배	4.3	7.1	15.8	30.0	10.1
신문, TV 등 언론매체	8.7	7.1	15.8	10.0	10.1
인터넷	47.7	21.4	20.9	20.0	31.5
얻어 본 적 없음	13.0	7.1	10.5	10.0	11.2

주: 1) 1순위만 분석.
　　2) 공공취업알선기관, 현장실습/인턴십, 학원, 기타는 사례 수가 1 이하이므로 제외함.

〈표 37〉 취업준비 어려움

단위: %

	지방대학 여학생	지방대학 남학생	수도권대학 여학생	수도권대학 남학생	전체
취업정보가 부족하거나 잘 모름	36.8	33.3	22.9	16.7	27.3
본인의 적성을 파악하지 못함	10.5	13.3	14.6	33.3	14.8
경력이 부족해서	21.1	20.0	15.8	16.7	20.5
여자 또는 외모나 신체적 결함	5.3	0.0	4.2	0.0	3.4
학력, 기능, 자격이 맞지 않음	20.8	6.7	12.5	0.0	11.4
수입이나 보수가 맞지 않음	5.3	6.7	8.3	16.7	7.9
근무환경, 근무시간이 맞지 않음	5.3	13.3	4.2	16.7	6.8
기타	0.0	6.7	12.5	0.0	7.9

주: 1순위만 분석.

〈표 38〉 여성직업활동인식 차이

	변수	사례수	평균	표준편차	t/F 값
	남	226	3.303	.726	6.402***
	여	352	2.906	.727	
	상	141	3.079^A	.683	9.615***
	중	250	3.181^A	.739	
여성 생애주기	하	153	2.844^B	.820	
	수도권대학	185	3.063	.765	−.019
	지방대학	382	3.064	.745	
	저학년	353	3.107	.800	1.933†
	고학년	225	2.988	.663	
	남	226	2.979	.696	3.889***
	여	352	2.751	.079	
	상	141	2.813^{AB}	.736	2.991*
	중	250	2.921^B	.733	
차선적 선택	하	153	2.751^A	.602	
	수도권대학	185	2.821	.753	−.577
	지방대학	382	2.857	.670	
	저학년	353	2.902	.717	2.699**
	고학년	225	2.743	.647	

주: 1) † p<.10, *p<0.05, **p<0.01, ***p<0.001
    2) 값이 커질수록 여성직업활동에 대해 전통적(차별적) 입장을 취함.
    3) 같은 문자는 집단 간 차이를 구분하지 못함.
    4) 생애주기는 여성직업활동인식 4문항, 차선적 선택은 3문항의 총화평점척도.

〈표 39〉 지방대 여학생의 권역별 여성직업활동인식 차이

N＝209		평균	표준편차	F값	유의확률
여성생애주기	충청권대학	2.931^A	.649	5.494**	.005
	호남권대학	2.585^B	.718		
	영남권대학	2.992^A	.766		
	상	2.970^A	.615	4.588*	.011
	중	2.985^{AB}	.746		
	하	2.644^B	.771		
차선적 선택	충청권대학	2.881^A	.569	3.318*	.038
	호남권대학	2.580^B	.609		
	영남권대학	2.762^{AB}	.650		

주: 1) *p<0.05, **p<0.01, ***p<0.001
　　2) 충청권: 대전·충남·충북, 호남권 광주·전남·전북 영남권: 부산·대구·울산·경남·경북 소재 대학.
　　　강원지역 대학 여학생(19명), 제주지역 대학 여학생(3명)은 분석에서 제외함.

〈표 40〉 여성직업활동인식 회귀분석 결과

종속변수 설명변수	여성생애주기				차선적 선택			
	B	S.E	Beta	t	B	S.E	Beta	t
여학생 (기준: 남학생)	−.441***	.070	−.283	−6.300	−.183**	.068	−.127	−2.699
지방대학 (기준: 수도권대학)	.042	.070	.026	.598	.084	.068	.057	1.246
전공계열 인문사회계열	.037	.089	.024	.411	−.018	.086	−.013	−.206
이공계열	.080	.093	.051	.863	.075	.090	.051	.833
(기준: 특수계열)								
학교성적 상위권	.085	.178	.055	.480	.107	.086	.067	1.244
중위권	.111	.179	.071	.624	.195	.074	.139	2.646
(기준: 하위권)								
학년 고학년	.015	.068	.010	.220	−.066	.066	−.046	−.999
(기준: 저학년)								

설명변수＼종속변수	여성생애주기				차선적 선택			
	B	S.E	Beta	t	B	S.E	Beta	t
전공만족도								
만족	.197	.144	.121	1.362	.205	.140	.137	1.043
보통	.240	.150	.141	1.602	.151	.145	.0969	1.043
(기준: 불만족)								
소득수준								
상	.296***	.089	.171	3.318	.108	.086	.068	1.253
중	.404***	.076	.266	5.287	.197**	.074	.1403	2.659
(기준: 하위권)								
상수	2.651***	.240		11.056	2.609***	.230		11.327
F	6.918**				2.436**			
R^2	.132				.051			
사례수	510				510			

주: *p<0.05, **p<0.01, ***p<0.001

* 그림 자료

<그림 7> 직업선택기준 요인분석 성분도표

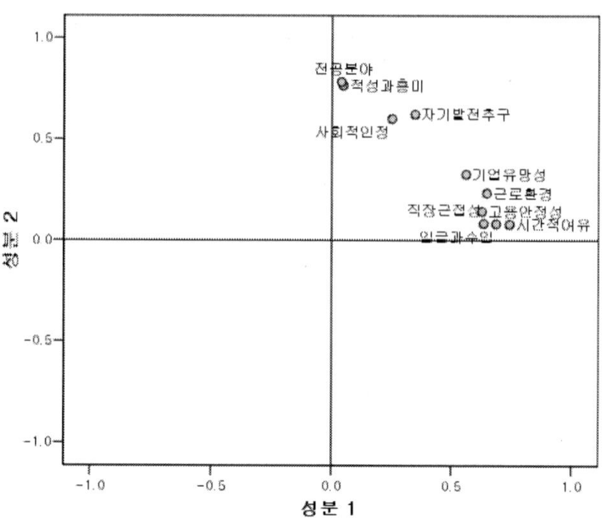

<그림 8> 여성직업활동인식 요인분석 성분도표

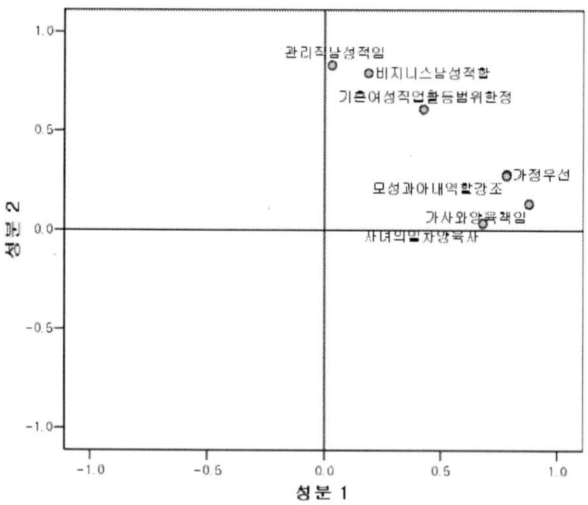

제6장 취업장벽

취업장벽은 지방대 여학생들이 취업준비와 입직단계에서 경험하는 채용차별을 가리킨다. 채용시장에서 지방대 여학생의 취업을 어렵게 하는 취업장벽은 일종의 선발기제로 지방대 여학생의 능력과 노동시장에서 채용으로 표현되는 사회적 성취 사이의 간격을 설명해 준다.

지방대 여학생이 취업준비와 입직단계에서 직면하게 되는 채용장벽을 성별요인과 지방대요인으로 나누어 살피고 취업장벽이 지방대 여학생의 취업에 어떤 형태로 장애를 만드는지를 취업준비와 관련지어 설명한다.

1. 여성이라는 요인

입직과정에서 '여성'이라는 젠더요인은 모성성, 결혼, 육아와 같은 여성의 생애주기와 관련되어 있을 뿐만 아니라 그 사회의 채용관행, 노동조건 및 문화적 요인과도 결합되어 직업사회학적으로 풍부한 설명력을 갖는다.

1) 여성의 생애주기

여성의 생애주기는 노동수요자가 여성인력을 채용할 때 주요한 비선호요인이라는 점에서 여학생들의 취업을 어렵게 하는 장애물이다. 동시에 생애주기는 여학생들이 자신의 취업진로나 취업 분야를 결정할 때 중요하게 고려하는 생애사적 사건들이다.

〈그림 13〉 연도별·연령별 여성의 경제활동 참가율

단위: %

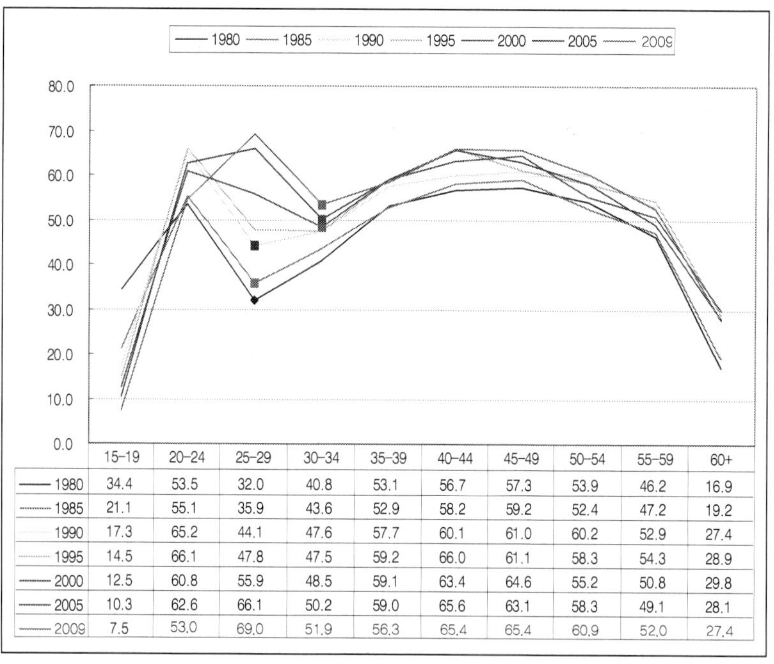

	15-19	20-24	25-29	30-34	35-39	40-44	45-49	50-54	55-59	60+
1980	34.4	53.5	32.0	40.8	53.1	56.7	57.3	53.9	46.2	16.9
1985	21.1	55.1	35.9	43.6	52.9	58.2	59.2	52.4	47.2	19.2
1990	17.3	65.2	44.1	47.6	57.7	60.1	61.0	60.2	52.9	27.4
1995	14.5	66.1	47.8	47.5	59.2	66.0	61.1	58.3	54.3	28.9
2000	12.5	60.8	55.9	48.5	59.1	63.4	64.6	55.2	50.8	29.8
2005	10.3	62.6	66.1	50.2	59.0	65.6	63.1	58.3	49.1	28.1
2009	7.5	53.0	69.0	51.9	56.3	65.4	65.4	60.9	52.0	27.4

자료: 통계청. 국가통계포털. 〈http://www.kosis.kr〉.

일반적으로 연령별 남성의 경제활동 참가율은 역U자형을 띠는 반면 우리나라 여성의 경제활동 참가율은 출산·육아기에 노동시장을 이탈한 후 하향 재진입하는 M – Curve 형태를 띠는 것이 특징이다. 여성의 연령별 경제활동 참가율이 M자형을 보이는 것은 여성의 취업이 결혼·출산·자녀양육에 영향을 받는다는 것을 의미한다(<그림 13> 참조).

우리나라 여성인력 공급의 문제점은 경제활동 참가율이 지속적으로 늘어나고 있지만 남성과 달리 여성의 생애주기가 여전히 경제활동 참가에 영향을 미친다는 것이다. 그런데 90년대 이후 M – Curve 저점의 깊이는 점차 완만해지고 있어 점차 생애주기 영향력이 완화되는 긍정적인 신호를 보인다. 여성의 경제활동 참가율은 육아와 출산 등 가사와 모성의 부담이 집중되는 기간 동안(25~34세)에 특히 낮으며 이는 학력별로 다른 양상을 보이는데 특히 고학력 여성의 경제활동 참여의 단속성이 심각하다. 고학력 여성의 경제활동 참가율은 출산·육아기에 노동시장에서 이탈한 후 노동시장 재진입을 포기하는 L – Curve형태를 띤다. 이처럼 여성의 학력과 경제활동 참가가 비례하지 않는 것은 우리나라의 독특한 현상이다(최지희, 1999).

〈표 41〉 학력별·결혼상태별 여성의 경제활동참가율 변화

단위: %

	1990		1995		2000		2005		2008	
	미혼	기혼	미혼	기혼	미혼	기혼	미혼	기혼	미혼	기혼
중졸 이하	15.7	57.3	8.1	58.0	7.1	57.6	6.3	52.5	5.2	51.0
고졸	66.1	34.7	66.9	40.7	54.0	46.7	55.1	51.6	48.4	53.0
전문대졸	87.1	44.0	85.9	40.5	87.0	42.6	88.3	46.8	87.0	51.1
대졸 이상	78.8	39.6	85.0	45.0	81.3	46.3	80.0	50.2	79.6	53.0

주: 사별/이혼은 제외함.
자료: 주재선·이채정. 2008. 「2008 한국의 성인지통계」. 한국여성정책연구원.

기혼여성의 경제활동 참가율은 미혼여성과 큰 대조를 이룬다. 결혼이라는 요인은 아직까지 우리나라 고학력 여성의 취업에 상당한 영향을 미치는 변수로 그동안 여성의 취업에 대한 제도적 개선과 사회적 인식변화에도 불구하고 결혼 이후 여성의 생애주기는 지속적으로 여성의 경제활동에 많은 영향을 미치고 있다(<표 41> 참조).

그 원인은 여성이라는 특성에 의해 부가되는 생애적, 사회적 책임을 직장에서 지원해 주지 않는 경우가 많기 때문이다. 즉 임신, 출산, 보육 등의 역할을 집중적으로 수행하는 생애주기 동안 여성은 경제활동에서 이전과는 다른 활동패턴을 가지게 된다. 그러나 우리 사회는 경제활동에 종사하고 있는 여성의 '어머니 역할', 즉 모성(母性)을 가족의 부담 혹은 여성의 개인적 영역에 남겨 두고 여성의 생애사적 특성을 직업활동에 충실히 반영하지 않는다.

그러므로 결혼과 가족의 여건은 여전히 여성 취업에 부정적인 영향을 미치고 있으며(이미정, 2002), 여성은 생애주기 중에서 가사 및 육아 부담이 높아지는 연령대에 노동시장에서 잠시 이탈하거나 또는 육아기 이후 비정규 일자리로 편입된다. 그렇지만 이것은 여성의 자의적인 그리고 자발적인 선택으로 보기 어렵고 오히려 모성에 따른 역할과 책임이 여성의 직업활동을 때때로 제한하는 데서 비롯된다. 이런 상황 속에서 여성은 직업인과 모성이라는 이중역할로 갈등하게 된다.

물론 최근 들어 여성부를 중심으로 여성친화지수[23] 개발, 남녀가 일하기 좋은 기업문화 조성계획 수립, 관련 분야 연구 진행, 여성

---

23) 여성친화지수는 ① 조직문화(종업원 존중, 가족친화적 근무환경, 남성 중심적 직업관행 제거), ② 일·가정 양립지원(탄력근무, 돌봄노동지원), ③ 여성인재육성(여성임원지수), ④ 고용평등(여성승진지수, 여성임금지수) 4개 영역으로 구성되어 있다.

친화기업 협약식 등을 통해 여성친화적 기업[24] 문화조성과 확산을
위한 정책적 노력을 기울이고 있다. 그렇지만 아직까지는 외국계
기업을 포함하여 몇몇 대기업을 중심으로 여성친화 기업문화 확산
협약식을 맺는 정도이고 대부분의 기업은 저항이나 방어단계에서
여성친화의 개념과 필요성에 대해 동의하지 않거나 부분적으로 동
의하고 있다(<표 42> 참조).

<표 42> 여성친화적기업의 단계적 접근모델

구분	저항단계	방어단계	순응단계	선도단계
문제의식	여성의 증가를 지배집단의 위협으로 인식	여성에게 동등한 기회부여	여성을 통한 시장기회 창출모색	여성인재육성을 위한 투자
모성보호/일과 가정 양립 지원	회피	관련법규 준수	HR과 통합	일과 삶의 조화
대응전략	현 상태 유지	출산/육아지원	인적 자원관리정책의 일환으로 접근	근로자의 다양한 삶의 방식 지원
어젠더	동질성 강조	차별금지	제도와 관행의 격차 줄이기	우수한 여성인력 확보/유지

자료: 양인숙·강민정·장은미. 2008. 여성친화지수 개발 및 적용방안. 「여성친화기업 확산을 위한 정책토론회 자료집」. 한국여성정책연구원: 15.

긴츠버그(Ginzberg)는 남성은 여성만큼 결혼과 일 사이에서 갈등
하지 않는다는 점에서 진로준비 및 선택의 남성모델은 여성의 원
형에 맞지 않는다는 점을 밝혔다(Diamond, 1987: 15~17). 여성은
결혼, 출산, 양육, 가사라는 생애사적 사건들로 인하여 노동시장에
진입하고 참여, 퇴장하는 데 남성과는 다른 경로를 거치게 된다.
지난 10년간 여성의 취업태도 변화 추이를 보면, 가정과 관계없
이 취업하겠다는 비율이 2006년 50.8%로 1991년 13.7% 대비 4배

---

24) 여성친화기업이란 경영자가 여성인력 이용의 중요성을 인식하고 근로자의 직장과 가정생활의
양립을 위한 제도적, 문화적 환경을 구축하며 여성인재육성에 힘쓰는 기업을 말한다.

가까이 높아졌다. 과거와는 달리 결혼과 출산에 따른 여성의 노동
시장 이탈이 점차 줄어들면서 지속적으로 노동시장에 참여하려는
경향이 증가하고 있다(<그림 14> 참조).

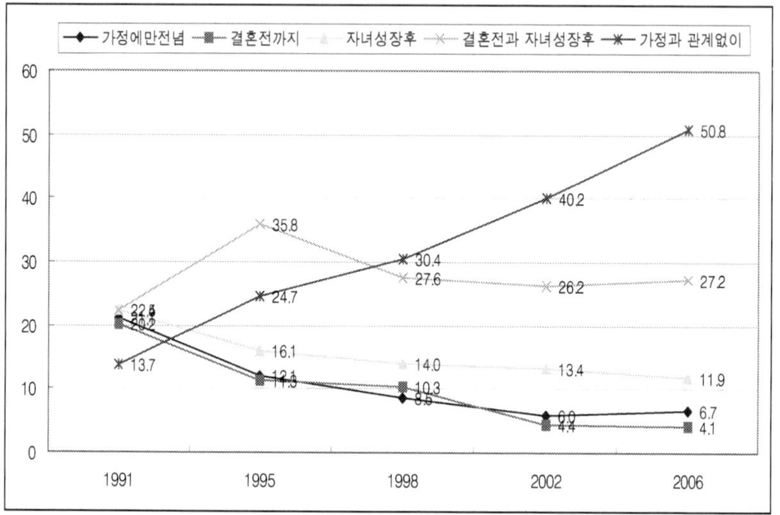

〈그림 14〉 여성 취업에 관한 태도

단위: %

주: 첫 자녀 출산 전까지, 모르겠음: 98년부터 항목이 추가되어 자료비교를 위해 제외.
자료: 통계청. 「한국의 사회지표」. 각 연도.

고학력화와 함께 신규 노동시장 구직자 중 여성 대졸자의 비중
이 증가하고 취업에 대한 여성의 태도도 적극적으로 변화하였다.
1990년대 들어서면서 고학력 여성들 중에서 직업적 커리어를 결혼
만큼이나 나아가서는 결혼보다 더 중요하게 생각하는 여성들이 증
가하기 시작했다. 젊은 세대 여성들 사이에서 직업적 커리어는 결
혼에 의해 중단되거나 조정되는 것이라기 보다는 결혼과는 별개로
자신의 삶의 기반이 되는 것이라는 생각이 급속히 확산되고 있다

(이미정, 2002).

이처럼 청년여성의 취업에 대한 사회적 그리고 여성 자신의 인식 변화는 곧 고학력 여성 취업에 호의적인 사회적 관점이 형성되는 것과 연결된다. 그리고 차별을 금지하고 개선하기 위해 그동안 꾸준히 진행돼 온 법률의 제·개정이나 고학력 청년여성 취업지원 정책 등 노동시장의 성차별을 해소하기 위한 노력들도 일정한 효과를 나타내고 있다.

앞서 제5장 지방대 여학생의 취업준비 실태 분석에서도 나타났듯이, 여학생은 여성직업활동인식에서 남학생에 비해 비전통적인 인식 태도를 가지고 있다. 그럼에도 불구하고 노동시장의 채용 현실은 여학생이 성별요인에서 자유로울 수 없게 한다. 특히 한국 사회와 같이 일과 가정의 양립을 지원하는 사회적 지원체계가 발달하지 못하고 기업문화 역시 가정생활을 고려하지 않는 풍토에서 여성은 지속적인 차별을 경험하게 된다(민무숙, 2003: 4).

아래 기사내용은 기업에서 신입사원을 선발할 때 여성지원자 채용기피(혹은 소극적 채용)의 이유를 들고 있다. 주된 내용은 여성의 생애주기와 관련된 것으로 기업은 경영상의 이유와 출산 및 육아로 인한 업무공백(생산성 저하), 여성의 높은 이직률 등을 숭요한 이유로 꼽고 있다.

성적대로 뽑으면 여성이 반수가 넘을 겁니다. 그러면 회사가 돌아가지 않아요. 출산휴가나 육아휴직으로 업무 연속성이 떨어집니다(대기업 CEO). (……) 결혼이나 대학원 진학을 위해 퇴사하는 여성 직원이 많아 실무 부서는 남성 직원을 선호합니다. 출산휴가와 육아휴직에 따른 업무공백 등 간접비 부담도 큰 게 사실입니다(B그룹 인사담당 임원).

(동아일보, 2007.8.8)

(S기획, 대표)

기업은 대체로 여학생들이 갖고 있는 자질이나 능력을 인정하면서도 채용관행, 노동조건과 업무성격, 기업의 조직문화 등을 이유로 채용의 선별기제를 바꾸는 데 소극적이다. 따라서 지방대 여학생의 취업문제는 단순히 개인의 취업준비 소홀이나 부족 등과 같이 개인적 차원으로만 설명하기 어려운 특수성이 있다.

여성의 생애주기라는 남학생과 다른 여학생의 젠더 특성은 기업이 여학생을 채용하는 데 부정적인 선별기제로 작용한다. 따라서 여대생은 취업진로를 선택하고 취업을 준비하는 과정에서 자신의 생애주기를 고려한 취업경력 개발을 필요로 한다. 여기서 우리는 여학생 취업에 장애를 만드는 생애주기 특성을 보완하기 위해서 여학생의 취업정보의 종류와 질이 남학생의 그것과 왜 달라야 하는지 그리고 특화된 취업전략이 왜 필요한지 그 이유를 찾을 수 있다.

또한 정책적으로는 여성이 육아와 취업을 병행할 수 있도록 탄력근무시간제, 단축근무제, 육아휴직제, 재택근무제, 안정적인 파트타임 노동, 돌봄노동 지원과 같은 대안적 고용형태의 확대와 육아 및 보육제도 보완과 같은 정책 수단을 통해 여성의 노동시장 진입 장벽을 낮춰야 한다.

2) 성차별적 채용기제

우리나라 노동시장에는 여성 특히 고학력 청년여성의 좋은 일자리 진입을 가로 막는 명시적으로 잘 드러나지 않는 형태의 제약들이 존재한다. 남녀고용평등과 일·가정 양립 지원에 관한 법(1987년 제정 당시, 남녀고용평등법)이 제정, 시행된 이후 채용과 모집에 있어 남녀 간 공식적이고 직접적인 형태의 차별은 상당 부분 개선되었고 채용방식으로 공개채용이 일반화되면서 기업은 표면적으로 고용기회와 선발과정에서 차별이 없다는 점을 강조하고 있다.[25]

그러나 노동시장에 존재하는 성차별적인 채용관습은 앞서 언급한 생애주기 요인과 함께 채용과정에서 시장경제의 기본원리인 완전경쟁의 원리가 실행되는 것을 방해한다. 이것은 여성인력을 주변화하고 기업에게는 더 낮은 임금으로 여성인력을 작업장 밖에서 대기하는 예비인력으로 만들거나(임선희, 1996) 고학력 청년여성인력의 유휴화를 증가시키는 요인이 된다.

마르크스주의 이론에서 산업예비군 혹은 상대적 과잉인구는 노동시장에서의 여성차별을 설명하는 유용한 개념이다. 산업예비군은 자본의 필요에 따라 노동력 수요에 항상 대응할 수 있도록 형성된 상대적 과잉노동인구를 말하는데 여성노동력이 바로 그러한 성격을 갖는다. 마르크스는 여성이 그들의 제한된 힘과 조직의 결핍으

---

25) '차별'이라 함은 사업주가 근로자에게 성별, 혼인, 가족 안에서의 지위, 임신 또는 출산 등의 사유로 합리적인 이유 없이 채용 또는 근로의 조건을 달리하거나 그 밖의 불이익한 조치를 취하는 경우(사업주가 채용 또는 근로의 조건을 동일하게 적용하더라도 그 조건을 충족할 수 있는 남성 또는 여성이 다른 한 성에 비하여 현저히 적고 그로 인하여 특정 성에게 불리한 결과를 초래하며 그 조건이 정당한 것임을 입증할 수 없는 경우를 포함한다)를 말한다(남녀고용평등과 일·가정 양립 지원에 관한 법 제2조 1항).

로 값싼 노동의 원천으로 쉽게 이용된다고 가정하였다. 여성의 조
직 결여 및 값싼 노동이 자본의 필요에 따라 여성을 유입하거나 배
출하게 만들고 여성은 시장의 취업 성원일 뿐만 아니라 산업예비
군으로 기능한다. 산업예비군의 기능은 직업의 상실 혹은 박탈이라
는 위협을 통해 현재 취업자들의 요구와 임금을 낮게 유지하고 자
본가들에게 자신의 이윤에 대한 이해에 따라 생산과 산출의 체계
를 통제할 수 있도록 하며 여성을 가정이라는 영역에 묶어 놓고 자
본의 필요에 따라 흡수, 배제하면서 저임금으로 활용한다(K. Marx,
김수행 역. 1989: 793 – 807).

> 기업의 입사추천서가 남자 10명이 들어올 때 여학생은 1명꼴로 들어온다.
> (지방 국립 ㄱ대학 취업실 관계자).
>
> (한겨레신문, 2003.3.23)

기업은 인력채용이 기업 경영의 고유영역이라는 명목하에 외부
로 잘 드러나지 않는 형태로 고학력 청년여성 인력에 대하여 성차
별적인 채용기제를 적용한다. 기업은 인력수요자로서 대학, 정부와
함께 지방대 여학생의 취업에 가장 핵심적인 역할을 담당한다. 그
렇다면 기업은 인력모집, 채용과정, 인사관행 등 일련의 채용 프로
세스에서 어떤 인력 선발기제들을 활용할까. 그 일례로 '남성쿼터
제'를 살펴보자. 기업은 대졸 신입사원을 채용할 때 직접적 또는
간접적인 방식으로 남성쿼터제를 시행한다. 기업의 남성쿼터제 시
행은 채용과정에서 대졸 여학생들의 노동시장 입직을 가로막는 장
벽이 된다는 점에서 주목할 필요가 있다.

〈표 43〉 남성쿼터제 운영방식[26]

형 태	내 용	업체수
서류전형 조절형	성별 비율을 미리 정한 뒤 서류 심사과정에서 남녀 비율 결정	3
면접과정 조절형	성별 비율을 미리 정한 뒤 면접관이 남녀 비율을 감안해 면접 점수 부여하여 남녀 선발 성비 조절	6
다면 평가형	성별 외에 지역이나 학교 등을 감안해 남녀 비율 결정	1
직군별 모집형	영업직 등 사실상 여성지원자를 배제하는 직군별 모집으로 성별 비율 조절	2

주: 국내 대기업 30개사(15개 업종별로 대표업체 2개씩 선정).
자료: 동아일보. 2007.8.8. "성적보다 현장 수요…서류 – 면접과정서 남성합격 늘려"

남성쿼터제 방식은 ① 서류전형 및 면접과정 조절형, ② 다면 평가형, ③ 직군별 모집형으로 나뉜다. 서류전형과 면접과정 조절형은 선발과정에서 쿼터제를 적용하는 방식이고 직군별 모집은 모집단계에서 쿼터제를 적용하는 것이다. 기업은 대졸 신입사원을 선발할 때 주로 면접이나 서류 전형과정에서 남성합격자를 늘리는 방식으로 대졸 여학생을 차별한다.

> 조사결과 30개 업체 중 12곳(40%)이 직·간접적인 방식으로 '남성쿼터제'를 시행하는 것으로 나타났다. 특히 전통적으로 여성 지원자가 많은 식품, 섬유, 생활용품, 보험, 카드사 등에서 주로 남성쿼터제를 많이 실시하고 있고 업종 특성상 백화점, 할인점 등과 같은 유통업이나 이공계수요가 많은 건설과 중공업, 남성 구직자가 선호하는 증권사는 남성지원자들이 몰려 남성쿼터제를 도입하지 않고 있었다.
>
> (동아일보, 2007.8.8)

남성쿼터제는 기업에서 도입·확산되기 시작한 열린 채용방식으

---

26) 동아일보는 2007.8.1~8.7일까지 전자, 정보, 기술(IT), 화학, 식품, 통신, 신용카드, 은행, 증권, 유통, 항공, 건설, 중공업, 정유 등 15개 업종별로 대표업체 2개씩을 선정하여 해당 대기업의 인사담당자를 대상으로 대면 면접 및 전화설문을 통해 남성쿼터제 시행 여부와 운영방식을 조사하였다.

로 직원을 뽑겠다는 기업의 대외적 채용공고와 상치된다. 뿐만 아니라 이 제도는 대졸 신입사원 선발과정에서 성별 이외에 지역이나 학교 등도 일부 함께 고려하는 평가방식으로 운용된다는 점에서 지방대 여학생의 취업을 어렵게 하는 채용장벽이 된다. 채용 시기업 내부적으로 남녀의 비율을 미리 정해 놓고 채용절차를 진행하거나 사실상 여성지원자를 배제하는 직군별 방식으로 시행되는 남성쿼터제는 남녀고용평등과 일·가정 양립 지원에 관한 법의 '채용, 모집상의 차별금지' 조항에 어긋나는 것으로 여성에 대한 채용상의 차별에 해당한다.

물론 여성인력에 대한 선호는 업종별로 차이가 있다. 하지만 기업들이 신입사원 모집과 선발과정에서 대졸 여성인력을 성별요인을 통해 배제하는 채용 프로세스(process)는 우리나라 청년여성 취업문제의 단면을 읽게 해 준다. 결국 기업 내부의 신입사원 채용 프로세스에는 지방대 여학생 개인의 취업스펙(개인의 능력과 자질 포함)[27] 또는 취업준비 노력만으로 극복할 수 없는 제도적인 취업장벽이 존재함을 보여 준다. 그리고 그것은 기업 내부의 채용규정이나 모집방식의 형태로 적용된다. 우리는 이를 통해 지방대 여학생의 좋은 일자리 취업률이 저조한 이유 중 하나가 바로 기업의 채용 프로세스에 존재하는 차별적 채용기제가 주요한 원인임을 알 수 있다.

또한 남녀 대학생 취업률 격차의 중요한 원인 중의 하나는 전공계열별 학생 분포이다. 즉 여학생들의 전공 분야 취업률, 대기업 취업률, 정규직 취업률이 낮은 이유는 전공계열 분포가 인문사회계열

---

27) specification의 약칭으로 취업을 준비하는 사람들 사이에서 학력, 학점, 토익점수, 일경험 등을 통칭하여 이르는 말이다.

이나 자연계열 순수 기초학문 분야에 주로 집중되어 있기 때문이다.

그러나 전공계열 분포만으로 성별 취업률 격차를 설명하는 것은 불충분하다. 여학생이 남학생과 비슷한 계열별 분포를 보이더라도 여학생의 취업률은 크게 증대되지 않고 거의 모든 계열에서 여학생의 취업률은 남학생에 비해 낮다. 이 부분이 바로 여학생 취업을 논의할 때 개인적 능력이나 자질 이외에 성차별적인 채용관행을 살펴야 하는 이유이다. 다음의 예시를 통해 우리는 이와 같은 사실을 확인할 수 있다.

> 인문계열의 경우, 채용 입사원서부터 차별받고 있다. 상당수 대기업이 대졸 신입사원 채용시 원서접수 단계부터 철학, 사학, 국문학 등 인문계열 전공자들을 차별하고 있는 것으로 확인됐다. 동아일보가 6개 그룹 113개 기업의 신입사원 채용공고를 분석한 결과 모집전공에 인문계열(외국어계열 제외)을 포함한 기업은 전체의 절반도 못 미치는 46개사(40.7%)에 불과했다. 나머지 67개 기업은 모집공고에 인문계열을 포함시키지 않은 채 상경계열이나 이공계열 등을 우대한다고 밝혀 사실상 인문계열 구직자가 입사원서를 내는 것을 막고 있다. 113개 기업 중 인문계열을 포함시킨 46개 기업 가운데 인문계열만을 우대하는 기업은 단 1곳도 없다. 이들 기업은 대부분 '전공불문'이라고 모집부문을 표기해 인문계열 구직자에게도 구직기회를 열어 줬을 뿐이다. 반면 상경계열은 113개 기업 가운데 8곳을 제외한 105개사(92.9%)에서 우대 선발계열에 포함됐다. 이공계열은 82개사(72.6%)에서 우대를 받았다. (……) 이들 전공의 취업환경은 인문계열과 질적으로 달랐다. 2006년 하반기 4,500명의 신입사원을 채용하는 삼성그룹의 경우 기술직을 빼곤 모집공고에 특정계열만을 우대한다고 명시하지 않았다. 하지만 삼성은 채용인원의 90%에 이르는 4,000명을 이공계 출신으로 뽑겠다고 지난 8월에 밝혔다.
>
> (동아일보, 2006.9.25)

회사 직원이 2,000명가량 되는데 그중 현장인원이 1,200명이고 대졸 엔

지니어가 600명입니다. 엔지니어는 기계공학, 전기·전자공학 전공자를
뽑습니다. 엔지니어 쪽은 여자가 부족합니다. 적극적 고용개선조치 권고에
따라 대기업에는 업종별로 성별 쿼터가 있습니다. 기계나 전기전자 분야
업종에서 전체 직원 중에 여성이 몇 퍼센트는 되어야 한다는. 저희 회사도
팀장급에 여자가 없고 (⋯⋯) 공대 나온 여학생을 뽑으려고 합니다. 문제
는 (대구) K대 기계공학과 정원이 120명인데 여학생은 10명밖에 안 됩니
다. 여자 엔지니어는 필요한데 공대 다니는 여학생이 워낙 적으니까 K대
졸업한 공대 여학생은 성적 3.5 정도면 거의 대기업에 취업한다고 보면 됩
니다. 우리 회사 기준으로 얘기하면 200명 정도가 인문사회계열 출신인데
그도 회계나 마케팅 전공자 위주로 선발하는 편입니다. 그러니 순수인문사
회계열 여학생은 성적이 훨씬 좋아도 대기업 들어가기가 쉽지 않습니다.

(H사, 인사담당과장)

〈표 44〉 6개 그룹 2006년 대졸신입사원 계열별 모집현황

단위: 회사 수

그룹명(채용계열사 수)	모집(우대) 전공		
	인문계(외국어계열 제외)	상경계	이공계
롯데(36)	6	33	22
금호아시아나(15)	2	12	9
CJ(12)	4	11	8
SK(15)	6	15	13
한화(21)	17	21	17
두산(14)	11	13	13
6개 그룹 113개 계열사	46	105	82

주: 한 회사가 여러 전공을 모집한다고 밝혔을 경우 복수로 처리.
자료: 동아일보. 2006.9.25. "위기의 文史哲 입사원서부터 홀대"

상기 자료들에서도 알 수 있듯이, 인문사회계열(기초학문 분야)은
입직단계에서부터 고용기회가 제한되어 있다. 기업의 시장논리와
효율성의 강조는 채용시장에서 이들 계열 전공자들을 주변화시킨
다. 이런 상황에서 인문사회계열(기초학문 분야) 학생들은 미취업상
태를 벗어나기 위해 상대적으로 고용안정성이 낮은 불안정한 직장

이라도 선택할 수밖에 없게 된다. 결국 이들 계열 전공자들의 취업 환경은 다른 계열 학생들과 양적, 질적으로 다를 수밖에 없다. 대 입성적이 비슷한 두 대학의 인문계열과 공학계열 졸업생의 취업률과 취업의 질에 대한 아래의 예시를 살펴보자.[28]

> ㄱ대 사회학과 졸업생의 취업률은 82.5%이고 ㄴ대 전기공학과 취업률은 92.5%에 이르렀다. ㄱ대 사회학과의 경우 취업자의 30.3%가 학원강사 등 비정규직에 취업했는데 ㄴ대 전기공학과는 1명 빼고 모두 정규직으로 취업했다. 비정규직 취업자들은 주로 학원강사, 학과조교, 사무보조원 등의 업무에 종사하면서 연봉 1,000~1,500만원의 저임금을 받는 것으로 나타났다. (……) 전기공학과 출신 취업자가 첫해 평균 2,617만원의 연봉을 받는데 사회학과 졸업자는 1,699만원에 그쳐 918만원의 차이가 났다. 전기공학과의 65% 수준이다. (……) 2005년 대기업 신입사원 채용현황을 보면 LG전자는 2,600명 중 400명만이 인문사회계열 출신이다.
>
> (한겨레신문, 2006.8.3)

기초학문 분야 학생들은 전공을 살려서 취업하기도 어려울 뿐 아니라 채용모집 공고단계에서부터 배제되는 경우가 많다. 인문사회계열 학생들도 지원이 가능한 경영관리 부문은 거의 경영, 경제, 회계, 법학 전공자를 모집하고 있어 인문·사회과학 분야는 채용공고에서 모집전공 분야로 표기된 곳이 드물다.

> 지방 국립 C대학 홈페이지에 한 달 동안 게시된 하반기 29개 기업 채용 면담 및 채용설명회를 조사한 결과 모집부문에 전공 분야 제한을 두지 않은 곳은 대부분 영업, 판매촉진, 보험, 일반관리 분야로 대학생들이 선호하지 않는 분야였다.
>
> (지방 C대학 취업지원센터, 〈취업정보〉)

---

28) 한겨레신문이 2004~2005년 대학을 졸업한 ㄱ대 사회학과와 ㄴ대 전기공학과 졸업생 80명(각 40명)을 전화 및 면접조사한 결과이다(조사기간: 2006.8.1).

기업은 시장의 이윤창출 논리에 의해 단기간 내에 빠른 가시적인 효용성에 대한 선호를 보이는데 이러한 기업의 채용방식은 여학생이 집중되어 있는 전공계열을 중심으로 좋은 일자리 진입이 제약되는 결과를 낳는다. 게다가 단기적인 수익 논리나 인문계열 전공자들의 실물경제(경영)에 대한 이해 부족, 업무 연관성이 높은 전공자를 채용해야 바로 현장에 투입할 수 있다는 기업의 논리에 의해 기초학문 분야 전공자들은 채용기회를 제한받고 있다.

3) 기업의 여성인력 채용기피

세계적인 경기침체로 구직난이 심화되면서 대학을 졸업하는 청년층의 중소기업 기피현상은 상당히 완화되는 추세이다. 중소기업 취업은 지방대 여학생이 취업시장 상황을 이해하고 그 속에서 자신의 위치를 찾아가는 과정과 여성이 채용시장에서 갖는 특수한 경험들이 반영되어 있다. 중소기업은 일자리 수가 많고[29] 대기업보다는 지방대학과 중소기업간의 연계가 용이하다는 점에서 지방대 여학생의 취업활로가 될 수 있다. 반면 제약도 존재하는데 그 주된 내용은 중소기업의 대졸 여성에 대한 모순적인 인력채용 형태이다.

국내 고용시장에서 중소기업이 차지하는 비중은 계속 증가하여 84%에 이를 정도로 큰 비중을 차지하지만 중소기업의 인력난은 해소되고 있지 않다(어영호, 2003).

---

29) 중소기업은 신규 대졸 청년층에게 많은 일자리를 제공한다. 2008년 대졸 취업자 170,878명 중 중소기업 취업자는 94,063명(55.0%)으로 여학생의 26.4%, 남학생의 28.6%가 취업하였다.

<표 45> 중소기업 인력부족현황

단위: %

구분	2001	2002	2003	2004	2005	2006	2007	2008
제조업	3.98	9.36	6.23	5.06	4.35	3.79	3.93	2.68
지식기반사업	3.98	9.36	6.23	5.06	4.35	3.79	4.03	3.28

주: 인력부족률 = 부족인원/(현 인원 + 부족인원)×100
자료: 중소기업청. 「중소기업 인력실태조사 보고서」. 각 연도.

중소기업의 인력난은 80년대 중반 이후 기피업종을 중심으로 본격화되기 시작하였고 고학력화, 대기업과의 근무환경 및 임금격차, 학력과 기대수준에 맞지 않는 업무[30] 등으로 그동안 청년층에게 중소기업 취업은 매력적인 일자리가 되지 못하였다. 하지만 2000년대 중반 이후 중소기업의 인력부족률은 등락을 보이면서 점차 개선되고 있다.

<표 46> 규모별·직종별 중소기업 인력부족률

단위: %

구분	규모	전체	사무관리직	전문가	생산직			서비스종사자	판매관리직
					기술직 및 준전문가	기능직	단순노무직		
제조업	전체	2.68	0.72	4.33	2.89	3.69	2.98	1.72	2.18
	5~19인	3.30	0.79	5.19	3.29	3.84	4.16	4.12	3.70
	20~49인	2.43	0.45	3.52	2.36	3.33	2.86	0.72	1.64
	50~99인	2.38	0.88	5.16	3.22	4.11	1.59	1.48	2.04
	100~299인	1.96	0.75	2.93	2.25	3.28	1.54	1.07	0.74
지식기반서비스업	전체	3.28	1.44	4.40	3.57	8.42	2.18	1.86	2.71
	5~19인	6.07	2.57	7.71	5.95	15.38	5.34	7.44	8.09
	20~49인	3.17	1.74	2.84	4.08	7.32	2.67	0.00	2.66
	50~99인	1.40	0.38	1.84	1.88	3.47	0.45	2.52	0.30
	100~299인	0.62	0.33	1.73	0.47	1.67	0.07	0.00	0.18

자료: 중소기업청. 2008. 「중소기업 인력실태조사 보고서」: 43, 85.

---

30) 대기업 대비 중소기업의 임금은 66% 수준, 법정 외 복리비는 56% 수준인 반면 산재율은 2배 수준이다(노동부. 2004. 「청년실업 원인분석보고서」).

중소기업 인력부족률은 규모별·직종별 특성에 따라 다소 차이가 있으나[31] 20인 이하 소기업에서 가장 크고 기업의 규모가 커질수록 낮아진다. 특이할 만한 점은 비교적 규모가 큰 100인 이상 기업에서는 전문가 및 관련전문가와 기술직 부족률이 상대적으로 높다는 점이다. 더욱이 앞서 패널자료 분석을 통해 드러났듯이 지방대 여학생은 수도권대학생에 비해 취업희망기업으로 중소기업을 꼽은 비율이 상대적으로 높아 중소기업은 지방대 여학생에게 유용한 '취업틈새시장'이 될 수 있다. 왜냐하면 기업의 인력수요와 지방대 여학생의 취업욕구가 접점을 이루는 취업시장이기 때문이다.

심층 면접에서도 지방대 여학생들은 그동안 공무원, 대기업, 교사 등의 일자리에 밀려 다소 등한시했던 중소기업 취업에 대해 대체로 긍정적이었다. 물론 지방대 여학생이 최우선적으로 중소기업 취업을 희망한다기보다는 이차적이고 현실적인 선택지로 중소기업 취업을 긍정적으로 받아들인다.

중소기업에 다니면 솔직히 월급이 적고 사람들이 안 알아 주는 게 있잖아요. 월급문제나 복리후생 문제나 주변사람들의 인식도 그렇고. 명함 때문에 기피하죠. 하지만 중소기업 취업도 괜찮아요. 처음에는 대기업을 목표로 취업준비를 하지만 여자들은 대기업 들어가기가 쉽지 않고 그나마 중소기업 일자리는 그래도 조금 많으니까. (저는) 공대지만 여자 선배들 보면 중소기업 취업도 만만치 않은 것 같아요. 중소기업에 들어가려고 마음 먹었으면 대기업에 들어갔을 때 주어지는 (중소기업) 보다 나은 혜택을 포기한다는 거니까. 그건 감당해야죠.

(지방 J대학, 정보통신공학 전공 3학년)

---

31) 중소기업 업종별 인력부족 분야는 대체로 기계, 화공, 전기·통신 분야이며 사업서비스업은 컴퓨터프로그램 전문가, 컴퓨터 관련 운영 분야이고 기능직의 경우는 용접, 섬유직조, 기계공구, 재봉, 금속주형 분야이다(어영호, 2003).

이러한 인식은 지방대 여학생 중에서 대졸 신규 채용시장 현실에 점차 눈뜨기 시작하는 고학년을 중심으로 지방대 여학생이 취업할 수 있는 일자리가 제한적이고 공기업이나 대기업 취업이 현실적으로 어렵다는 취업시장 상황에 대한 이해에서 비롯된다. 지방대 여학생의 노동시장 입직에는 개인의 인적 자본 축적 노력과 채용선별 기제가 결합되어 나타나기 때문에 수도권 학생들이나 지방대 남학생과는 구별되는 일자리 구직특성을 갖게 된다.

그러나 중소기업은 고학력 여성인력 채용에 인색한 인력채용 패턴을 보인다. <표 47>을 보면, 여성인력 채용계획이 있는 중소기업은 41.4%에 지나지 않고 채용계획이 없는 중소기업이 58.6%나 되었다. 결국 지방대 여학생은 기업의 인력 채용계획에 비추어 볼 때 인력수요 부족으로 중소기업 일자리 취업전망이 밝지만은 않다.

<표 47> 향후 여성인력 채용 분야

단위: %

구분		구성비
채용계획 없음		58.6
채용계획 있음	인사 · 경리 등 사무관리직	12.4
	제조 등 생산직	25.8
	생산지원 분야(구매, 영업관리 등)	1.0
	조리, 비서업무 등 서비스 분야	0.1
	판매 · 광고 등 영업직	0.6

자료: 중소기업청. 2008. 「중소기업 인력실태조사 보고서」: 68.

중소기업에서는 향후 인력부족 문제 해결대책으로 비정규직 활용이 51.7%로 가장 높고 여성인력활용 확대를 꼽은 비율은 27.3%에 그친다(<표 48> 참조). 또한 중소기업에서 여성인력활용으로 인력부족 문제를 풀어 나간다고 할지라도 고학력 여성을 적극적으로 채용할 것이라는 전망은 불투명하다. 이처럼 기업의 여성인력 활용은 낙관과 부정이 동시에 존재하며 명암을 이룬다.

<표 48> 인력문제 해결 대책

단위: %

구분	구성비
생산공장의 해외(개성공단 포함)이전	0.8
생산공장의 국내 타 지역 이전	4.0
생산설비의 자동화 추진	42.6
사무자동화 추진	22.8
사업전환(업종전환) 모색	2.7
외국인인력 활용 확대	31.2
여성인력 활용 확대	27.3
실버(퇴직인력) 인력 활용 확대	12.9
병역대체 복무인력(병역특례인력) 활용	16.7
비정규직 활용 확대	51.7
임금인상 및 복지여건 개선	68.1
기타	2.5

자료: 중소기업청. 2008. 「중소기업 인력실태조사 보고서」: 61.

지방대 여학생의 취업난은 근본적으로 기업의 남성인력에 대한 선호와 고학력 여성에 대한 수요 부족에서 빚어진다. 살펴본 바와 같이, 중소기업은 구인난을 겪고 있지만 고학력 여성인력 채용에는 소극적이다. 그것은 고학력 여성인력에 대한 간접 차별 내지는 결과적 차별이 노동시장 안에 존재한다는 것을 반증한다.

중소기업 인력구성을 살펴보면(<표 49> 참조), 중소제조업의 경우 남성의 대졸 비중은 17.9%이고 대졸 여성 비중은 11.9%이다. 특히 여성인력은 고졸 이하의 학력층이 73.9%로 주를 이루고 있다. 또한 대졸 여성의 규모가 68,354명에 그치고 있는 데 반해 대졸 남성은 260,945명으로 여성인력의 4배에 달한다.

중소지식기반서비스업의 학력분포는 대졸 이상 근로자는 62.0%로 고학력자 비중이 상당히 높다. 남성은 대졸(57.0%), 대학원졸(7.1%) 비중이 여성에 비해 높고 여성은 전문대졸(25.6%), 고졸(18.5%) 비중이 남성에 비해 높다.

<표 49> 학력별·성별 중소기업 인력구성

단위: 명, %

구분	성별	전체	중졸 이하	고졸	전문대졸	대졸	대학원졸
제조업	전체	2,032,373	151,124	1,237,864	295,727	329,299	18,359
		100.0	7.4	60.9	14.6	16.2	0.9
	남	1,457,365	77,405	886,677	215,911	260,945	16,427
		100.0	5.3	60.8	14.8	17.9	1.1
	여	575,008	73,720	351,187	79,815	68,354	1,932
		100.0	12.8	61.1	13.9	11.9	0.3
지식기반서비스업	전체	350,304	1,733	50,947	80,314	194,836	22,474
		100.0	0.5	14.5	22.9	55.6	6.4
	남	265,529	1,332	35,293	58,633	151,371	18,900
		100.0	0.5	13.3	22.1	57.0	7.1
	여	84,775	400	15,654	21,681	43,465	3,575
		100.0	0.5	18.5	25.6	51.3	4.2

주: 정규직 종사자의 학력임.
자료: 중소기업청. 2008. 「중소기업 인력실태조사 보고서」: 39, 82.

그렇지만 지식기반서비스업 분야에서 대졸 여성인력 비중이 점차 증가하고 있어 앞으로 이 분야에서 대졸 여성인력의 채용확대를 예상할 수 있다. 따라서 우리는 지식기반서비스 업종이 지방대 여학생의 취업 활로가 될 가능성에 주목해야 한다.

그런데 결국 여성의 인적 자본 축적, 다른 말로 고학력은 노동시장에서 남성과 다르게 평가되고 충분한 채용유인으로 작용하지 않고 있다. 그렇다면 기업의 고학력 여성인력에 대한 차별의 원인은 무엇인가.

기업이 여성인력 채용시 가장 중요하게 생각하는 평가요소는 장기근속가능 여부가 36.7%(양육아동 유무 포함 37.6%)[32]로 가장 높았고 철저한 직업의식 20.8%, 전문지식 및 기술보유 12.0%, 단정한 외모 8.4% 순으로 나타났다. 기업은 여성인력을 채용할 때 전문지식이나 기술, 학력이나 경력보다는 장기근속이나 직업의식 등을 중요하게 고려한다. 결국 기업의 여성인력 채용 패턴은 생애주기와 같은 여성인력의 젠더 특성을 부담하길 원치 않고 단정한 외모나 저렴한 임금수준, 연령을 학력이나 경력보다 우선시하고 있다.

<표 50> 여성인력 채용시 중요 평가요소

단위: %

구분	구성비
학력 및 경력	7.0
연령	7.2
장기근속 가능 여부	36.7
철저한 직업의식	20.8
전문지식이나 기술 보유	12.0
저렴한 임금 수준	7.1
단정한 외모	8.4
양육아동 유무	0.9

주: 2008년 중소기업 인력실태조사에는 '여성인력채용시 중요 평가요소' 문항이 없음.
자료: 중소기업청. 2007. 「중소기업 인력실태조사 보고서」: 91.

기업 내에서 주로 여성인력은 관리, 기획, 재무 등의 전문적이고

---

32) 양육할 자녀가 있는지 여부는 여성의 장기근속에 영향을 미친다.

핵심적인 업무를 담당하게 하기보다는 사무관리 및 보조적 업무를 수행하는 직무에 배치된다. 게다가 아직 많은 기업에서는 여성 채용할당제 혹은 채용목표제 실시가 기업의 입장에서 부담이 된다고 여기면서 기업 측의 변화보다는 오히려 여성들의 직업의식이나 적절한 인적 자본을 갖추는 것 그리고 전반적인 사회적 인식 변화가 필요하다는 입장이다(한국여성민우회, 1997).

앞으로 전례 없는 취업난을 헤쳐 나가려면 청년층은 기업이 원하는 숙련을 갖추기 위해 노력해야 하고 중소기업은 우수인재를 확보하기 위해 적극적으로 회사정보를 공개하고 정부는 우수한 중소기업을 선별하고 그 정보를 대학생들에게 제공하여 노동시장의 미스매치를 해소해 나가는 노력이 필요하다(이성식, 2009).

2. 지방대라는 요인

대학서열과 학벌기제가 대졸 청년 채용시장에서 지방대 여학생의 취업에 어떻게 개입하는지를 살펴본다.

1) 대학의 서열화

1980년대부터 1990년대 중반에 이르는 고등교육제도의 변화, 즉 졸업정원제(1983), 대학설립준칙주의(대학설립자율화조치)와 비수도권 지역의 정원자율화조치(1995)로 인해 지방대학의 설립과 입학정원이 확대되었다. 그런데 설립준칙주의와 대학정원자율화조치가 주로 수도권을 제외한 지방대학을 중심으로 이루어졌다는 점에서 오늘날 지방대생의 취업문제를 야기하는 원인으로 자리 잡았다. 대학교육기회의 팽창은 한국인의 높은 고등 교육열과 결합되어 대학교육의 대중화를 이끌었고 동시에 대학교육이 갖는 상대적 희소성을 감소시키는 결과를 낳았으며 우수 학생들의 수도권대학 집중을 가속화시켰다.

<표 51> 4년제 일반대학 현황

단위: 명, %

연도	학교 수	학생 수	입학자	졸업자	졸업생증가율
1980	85	402,979	115,755	49,735	-
1985	100	931,884	201,934	118,584	58.1
1990	107	1,040,166	196,397	165,916	28.5
1995	131	1,187,735	253,605	180,664	8.2
2000	161	1,665,398	321,399	214,498	15.8
2005	173	1,859,639	326,284	268,833	20.2
2009	177	1,984,043	347,750	279,059	- 0.01

주: 1) 교육대학, 산업대학, 기술대학, 방송통신대학, 원격대학 제외함.
   2) 대학의 지방 분교 11개는 전체 수에 포함하지 않음(분교를 포함하면 188개교임).
자료: 한국교육개발원. 교육통계서비스. <http://cesi.kedi.re.kr>. 「교육통계연보」. 각 연도.

지방대 학생의 취업문제는 근본적으로 대학 서열화에서 그 원인을 찾을 수 있다. 우리나라 대학의 서열화 구조는 서울대를 정점으로 연세대, 고려대를 비롯한 일류 대학과 수도권에 위치한 중하위권 대학, 수도권대학과 지방대학, 수도권본교와 지방분교, 4년제 대학과 전문대학 등으로 등급이 매겨져 있다(박거용, 2004). 물론 지방대학 간에도 서열이 존재하며 대부분 일명 거점국립대학을 1순위로 순차적인 서열 또는 등급이 매겨진다. 수도권대학에 다니는 학생들에게뿐만 아니라 같은 지역 지방대학 간에도 격차가 존재한다.[33] 하지만 지방대 간 서열의 차이는 확장적인 의미를 갖지 못한다. 왜냐하면 청년 채용시장에서 몇몇 예외적인 경우를 제외하고 대부분의 경우 지방대는 통틀어 '지방대'로 통칭되기 때문이다.

대학의 서열화는 우리 사회 학벌주의를 반영하는 것이기도 하고 동시에 학벌자본을 재생산하는 역할을 담당한다.[34] 뿐만 아니라 대학의 서열화는 학벌 사회를 강화시키는 최대 요인이다(홍영란 외, 2002: 17). 그리고 노동시장 입직구에서 출신대학에 따른 기업의 선별적 채용은 취업을 준비하는 대학생들에게 직접 영향을 미침으로써 대학 서열과 학벌의 영향이 취업성과에도 반영된다.

결국 오늘날 채용시장에서 지원자가 고등교육을 이수했다는 사실 자체만으로는 기업에게 선별의 기준이 되지 못한다. 양적으로 확대된 대학생 수로 인해 오히려 고등교육기관의 서열차이, 즉 대학 간 위계적 서열이 중요해졌다. 그 결과 지방대생들은 자신의 학력가치와 매치되는 일자리를 갖는 것이 점차 어려워지고 있다. 더불어 경제위기(침체) 이후 기업의 채용방식이 매년 정기적으로 대규모 신입사원을 뽑던 방식에서 경력직이나 적은 인원을 수시 채용하는 방식으로 바뀌면서 지방대생의 취업난은 더욱 심화되고 있다. 왜냐하면 지방대 신규 대졸자는 이미 기업에서 필요로 하는 인적 자본을 축적한 경력직과의 경쟁에서 기업에게 긍정적인 재용신호를 제공하지 못하고 수도권대학생이 가지는 출신대학의 간판효과도 가지고 있지 않기 때문이다.

---

33) 이 글은 수도권대학과 지방대학 간 차이를 보는 것이 주된 관심사이므로 이 부분에 집중하여 지방대학 간 차이를 살피지 않았다. 현실에서는 지방대학 내에서도 거점대학과 비거점대학 학생들 간에 일정한 차이가 발견된다.

34) 2006년 9월 중앙인사위원회 자료를 보면 행정부의 1~3급 고위 공무원 1,303명 가운데 서울대 출신은 25.1%(317명)를 차지했고 고려대 8.4%(106명)와 연세대 7.4%(94명)가 뒤를 이었다(한겨레신문. 2007.8.18. '학벌＝신분 넘기 힘든 거대한 벽').

우리나라 대학시스템은 신입생들의 입학성적에 의해서 대학의 순위가 정해져 있고 대학에서 배우는 내용이 학교에 따라서 크게 다르지도 않는 상황에서 대학과 전공은 개인의 실력을 판별할 수 있는 기준으로 활용된다(이병식, 2004). 결국 대학 서열화 구조에서 파생되는 일명 '간판 효과'는 채용시장에서도 괜찮은 일자리를 두고 벌이는 고학력 청년층의 입직 경쟁에서 매우 영향력 있는 변수이다. 그리고 오늘날 어느 기업 또는 직업군에 어느 대학 출신이 얼마나 취업하느냐는 대학의 명성과 서열을 나타내는 지표로 부상하였다.

기업은 표면적으로 대학의 서열이 채용과정에서 인력을 선별하는 척도의 하나일뿐 주요 기준이 될 수 없다는 입장을 취한다. 그러나 다음 <표 52>는 다른 결과를 보여 준다.

지방대학은 전반적으로 정규직 취업률, 대기업 취업률이 수도권대학에 비해 낮다. 여기에는 물론 개인의 능력 차이와 대학의 서열이 결합되어 있을 가능성이 크다. 명성 있는 지역 거점대학은 정규직 취업률과 대기업 취업률 모두에서 대체로 좋은 취업성과를 나타내는 지방대학도 있다. 그런 점에서 능력 있는 지방대 학생이 단순히 대학의 서열화 구조에 의해 취업의 질이 수도권대학에 비해 떨어진다고 단선적으로 설명하기는 곤란하다.

〈표 52〉 졸업자 2,000명 이상 4년제 대학 정규직 취업률 순위

단위: 명, %

순위	학교명	졸업자	정규직취업률
1	고려대학교(연기)	4,333	75.4
2	연세대학교	4,169	68.5
3	성균관대학교	4,035	67.7
4	한양대학교	3,549	67.1
5	중앙대학교	2,692	63.4
6	울산대학교	2,680	63.1
7	인제대학교	2,218	63.0
8	인하대학교	3,737	59.9
9	건국대학교	2,885	59.2
10	경희대학교	2,941	58.9
11	경희대학교(용인)	2,424	57.3
12	한양대학교(안산)	2,024	57.2
13	숭실대학교	2,425	56.9
14	조선대학교	4,672	55.9
15	홍익대학교	2,183	54.5
16	부산대학교	4,293	53.8
17	경북대학교(상주)	3,911	53.6
18	서울대학교	4,267	53.0
19	숙명여자대학교	2,226	52.7
20	동국대학교	2,851	51.5

자료: 교육과학기술부·한국교육개발원. 2008. 「2008 취업통계분석자료집」. 〈http://std.kedi..re.kr〉.

그렇다고 하더라도 정규직 취업률 20위권 순위 안에 지방대는 25%선으로 대학서열이 지방대 학생의 취업에 일정한 영향을 미치고 있음을 <표 52>는 말해 준다.

대학서열은 대학졸업생의 사회·경제적 결과를 차별화한다(Lee and Brinton, 1996: 179). 상위권 대학의 졸업장은 지위, 계급, 수입구조를 통한 상승이동 경로에서 중요한 요소로 자리매김하게 된다. 특

히 우리나라같이 표준화된 시험점수에 의해 대학이 서열화되어 있는 경우 그 효과는 더욱 뚜렷하다. 상위권대학 출신자들이 진입하는 기업은 대기업인 경우가 많고 이러한 대학서열의 일반적 효과는 이들 대학이 갖고 있는 제도적 취업자본에 의해 더욱 증폭된다. 취업정보센터의 활성화 정도, 동창 및 선배들의 사회 진출을 통해 형성된 취업자본으로 인해 상위권 대학 졸업자들은 하위권 대학 졸업자들보다 추가적 혜택을 더 많이 받는다. 따라서 명문대학 출신자들이 대기업에 취업이 잘 되는 것은 그들이 대학 진학 때부터 갖고 있었던 인적 자본의 영향도 있겠지만 서열화된 대학풍토에서 학교가 갖고 있는 제도적 사회(취업)자본에 영향을 받은 결과이기도 하다(안재희, 2006). 대학의 서열화는 기업의 차별적인 채용방식과 현장 적합성이 부족한 대학교육과 더불어 지방대 학생의 취업난을 가중시키는 요인이 되고 있다.

한편 주요 국가고시 채용시험 - 즉 공무원 시험, 임용고시, 고등고시, 전문자격시험 등은 개인의 취업준비 노력을 포함하는 인적 자본요소가 보다 선명하게 드러나는 선발방식을 채택하고 있기 때문에 취업장벽 요인이 개입할 소지가 거의 없다.

〈표 53〉 대학별 사법시험 합격인원 순위

단위: 명, %

순위	2005		2006		2007		2008		2009	
	대학	합격자수	대학	합격자수	대학	합격자수	대학	합격자수	대학	합격자수(비율)
1	서울대	328	서울대	335	서울대	321	서울대	275	서울대	246(24.7)
2	고려대	177	고려대	143	고려대	156	고려대	182	고려대	169(17.0)
3	연세대	120	연세대	121	연세대	113	연세대	104	연세대	117(11.7)
4	성균관대	73	성균관대	72	성균관대	74	성균관대	77	성균관대 / 한양대	69(6.9)
5	한양대	63	한양대	59	이화여대	56	이화여대	63	이화여대	55(5.5)
6	이화여대	51	이화여대	52	한양대	50	한양대	53	부산대	28(2.8)
7	부산대	27	부산대	30	중앙대	24	중앙대	26	전남대	26(2.6)
8	경희대	21	전남대	20	전남대	19	부산대	22	경북대	22(2.2)
9	경북대 / 서강대	18	경북대	19	부산대	18	서강대	21	경희대 / 경찰대	19(1.9)
10			한국외대	17	경북대	16	전남대	19	중앙대	18(1.8)

주: 2009년 성별 합격자 비율은 남자 642명(64.4%), 여자 355명(35.6%)임.
자료: 법무부, 〈http://www.moj.go.kr〉.

　　대학별 사법시험 합격인원 순위를 살펴보자(〈표 53〉 참조). 최근 사법시험 전체 합격자의 출신대학 순위는 1위에서 5위까지 변함이 없다. 일명 SKY 대학이라고 불리는 서울대, 고려대, 연세대의 합격자 비율은 2009년 기준 53.4%로 지방대학인 부산대와 전남대, 경북대의 합격률(7.6%)과 큰 차이를 보인다. 물론 수도권 주요 대학과 상당한 편차가 있긴 하지만 지방대학 중에서도 매년 일정한 수준의 고시 합격생을 배출하는 몇몇 대학이 있다.

　　사법시험을 포함하여 수도권 주요 대학과 지방대학 간의 국가고등고시(행정고시, 외무고시 등) 합격률은[35) 개인의 능력 차이를

---

35) ① 2009년 행정고시 합격자 224명 중 대학별 합격자수는 수도권 소재 대학이 227명(93.0%), 지방대학(독학사 1명 포함)이 17명(7.0%)이었다. 그리고 서울대(87명), 연세대(38명), 고려대(34명)가 전체 합격자의 65% 이상을 차지한다.

반영하는 것인지, 대학서열을 드러내는 것인지에 관해서는 보다 다각적인 논의가 필요하다.

<표 53>의 결과는 대학 진학 당시부터 이미 수도권 주요 대학에 입학시험 점수가 높은 우수한 학생들이 밀집되어 있으므로 수도권대학생과 지방대 학생 간의 인적 자원의 질적 능력 차이를 보여 준다. 그렇지만 동시에 대학 서열화와 학벌을 통해 형성된 제도적인 취업자본이 학생들의 취업준비에 미치는 영향을 상기한다면 일정 부분 대학서열을 반영하고 있다고 해석할 수 있다.

이 문제를 지방대 여학생의 취업준비와 관련지어 생각해 보면 대부분의 지방대 여학생들은 이를 자신의 취업현실로 수용하기보다는 자신의 취업목표와는 동떨어진 것으로 인식한다.

> 내 주변에는 그런 '알파걸'이 없죠. 누가 요번에 사시수석 했다고 얘기하면 '나도 해서 안 될 게 뭐가 있어'가 아니라 우리는 '걔 또 서울대 나왔지' 이런 식으로 얘기하죠. 그 사람들이 직접적으로 나한테 모태가 되어 나도 해야겠다고 생각하기보다는 '딴 사람 보듯이 딴 세상' 얘기하듯이 해요. 내 주위에는 내 현실에서는 일어나지 않으니까. 지방대 나와서 고시 붙은 여학생이 아니라 명문대 나온 여학생 얘기잖아요. 저는 4년 동안 학교 다니면서 우리 학교 여학생이 고시 붙었다는 플래카드 못 본 것 같은데요.
> (취업자: 지방 M대학, 사회복지학과 졸업)

지방대 여학생은 자신의 주위에 선망하는 좋은 직업이나 직장에 취업한 사례도 많지 않고 졸업이 곧 비경제활동인구나 실업으로 이어지는 경우를 오히려 더 쉽게 접한다.

---

② 2009년 외무고등고시 합격자 41명 중 여성비율은 48.8%(20명)로 2007년 67.7%, 2008년 65.7%에 비해 낮아졌고 합격자 중 지방인재는 2명으로 나타났다.

2) 학벌기제

학벌(學閥)이란 사전적 의미에서 학문을 닦아서 얻게 된 사회적 지위나 신분 또는 출신학교의 사회적 지위나 등급을 나타내는 것으로(이승미, 2005), 제도교육에 의한 학교 출신을 바탕으로 이루어진 연고적 동류 집단으로서 학력의 횡적 내지는 수평적 교육 분화 형태이다(이정규, 2003). 학벌(學閥)은 학력(學力)보다는 학력(學歷)을 더 중요시하며 학교의 단계 - 즉 초등학교, 중학교, 고등학교, 전문대학, 대학교, 대학원 등 교육받은 햇수에 따라 차별하고 가치를 더 부여하는 수직적 학력주의를 근본으로 하고 같은 단계의 학교를 졸업했어도 학교의 종류와 명성, 학과의 인기도 등에 따라 차별하고 파벌을 가르며 상이한 가치를 부여하는 위계적인 수평적 학력주의를 핵심으로 삼고 있다. 학력[36]은 특정 학교들 사이의 서열이나 차이를 나타내지 않지만 학벌(學閥)은 동일한 수준 또는 단계의 학력을 가지고 있음에도 특정 학교 출신이라는 점이 다른 학교 출신과의 차이를 나타내는 지표로 쓰이고 여타 학교의 학력보다 높게 평가되며 보다 나은 보상을 누린다.

대학 서열화의 학벌구조는 입시경쟁 - 대학서열 - 학벌이 서로 연결되어 있으며 소위 명문대를 졸업한 사람들은 우리 사회 각 분야

---

36) 우리가 일반적으로 사용하는 학력의 개념적 정의는 '개인의 학습력'과 '학교에서의 교육력 혹은 이력'이라는 두 가지 의미를 포함한다. 학력(學力)은 실력주의에 근거한 학문을 쌓은 정도나 수준 혹은 실력에 바탕을 둔 원칙이나 경향을 의미하고 학력(學歷)은 자격증주의 혹은 신임장주의에 바탕을 둔 수학(修學)한 이력이나 경력을 중시하는 관행이나 경향을 말한다. 즉 학력(學歷)이란 제도교육의 단계에 따라 이루어진 종적 내지는 수직적 교육 분화 형태의 후속적 산물 혹은 이력으로 정의한다. 이런 맥락에서 볼 때, 학교교육의 이수증, 즉 졸업장은 개인이 이수한 교육의 정도와 학습력을 증빙하는 공인된 증서로서 실질적인 가치와 형식적인 자격 혹은 실력의 인증 징표를 나타내는 상징적 가치를 나타낸다(이정규, 2003).

에서 주류를 형성하고 출신대학별로 유대관계 및 기득권을 강화시켜 나갔다. 이러한 일련의 과정은 우리 사회에서 대학졸업장이 아닌 명문대학 졸업장을 둘러싼 지위 경쟁을 유발시키면서 '명문대졸업＝출세'라는 인식과 함께 기업이 신입사원을 채용하고 임금, 승진 등의 인사에도 출신대학과 학벌이 영향력을 발휘하면서 대학의 서열과 학벌을 견고하게 하는 계기가 되었다(박거용, 2004).[37]

우리 사회에서 학벌은 사회적 취업자본으로 구실하는데 고학력 청년채용시장에서 학벌은 학교의 명성 안에 이미 대학에 재학 중인 학생들의 인적 자본의 질을 상당 부분 반영하고 있다는 논리로 기업의 채용형태를 변형시키는 역할을 한다. 곧 학벌기제는 인적 자본의 차이를 노동시장의 채용차별과 연결지어 확대, 재생산된다.

취업포탈사이트인 잡코리아가 2006년 10월 16～27일까지 대학생과 직장인 1,238명을 대상으로 '대한민국에서 성공하기 위한 요건'을 묻는 설문조사에서 '학벌'이라고 답한 응답자가 22.4%로 1위를 차지해 외모(21.9%)나 경제적 뒷받침(19.8%), 대인관계능력(12.4%)보다 앞섰다.
(잡코리아 리서치, 대한민국 성공요소 1순위 학벌)

우리 사회 구성원 상당수는 학벌효과, 일명 명문대를 나와야 성공한다는 믿음을 공유하고 있다. 그리고 학벌, 즉 대학의 명성은

---

37) 박거용(2004)은 대학의 서열화 및 학벌구조의 원인을 미군정기의 기형적인 대학 설립과 정부의 차별적인 대학 육성정책, 기업의 출신대학 서열과 학벌에 따른 차등적인 채용과 인사에서 찾고 있다. 오늘날 우리 대학의 모습은 해방 직후인 미군정기부터 시작되었다. 당시 정부 재정이 열악했던 상황에서 미군정의 고등교육 원조는 서울대, 연세대, 고려대에 집중되었다. 미국이 엘리트 충당을 위해 불균등한 대학 발전전략을 채택하면서 이때부터 대학 간 불평등 경쟁구조가 자리 잡기 시작하였다. 뿐만 아니라 대학 서열화와 학벌주의는 지난 50년간 정부에 의해 조장되어 온 측면도 크다. 우리나라 대학관련 법 가운데 대학 서열화를 잘 보여주는 것이 서울대학교 설치령이고 특정 대학에 국고보조금을 차별적으로 집중 지원하는 고등교육정책에서도 그 원인을 찾을 수 있다.

노동시장에서 접근할 수 있는 취업정보 및 취업기회의 양과 질을 결정하는 중요한 요인 중의 하나로 꼽힌다(안재희, 2006).

최근 일부 대기업이나 공기업을 중심으로 입사원서에 학력기재 란을 없애거나 블라인드 면접을 실시하고 있고 대부분 기업들도 학벌보다는 능력 위주로 신입사원을 뽑는다고 채용(인사)정책을 밝히고 있다.

그럼에도 현실 채용시장에서 지방대학 학생들은 기업의 입사 서류전형부터 취업기회를 박탈당하는 모습이 종종 관찰된다(한국일보, 2003.10.28: 36; 동아일보, 2003.10.30: 31).

> 542개 기업인사담당자 중 56.5%(306명)가 "사원 채용 때 서울소재 대학 출신자와 지방대 출신자를 차별해 본 적이 있다"고 응답했다. 서울소재 대학 출신 지원자에게 부여하는 점수를 평균 100점으로 보았을 때 지방 대학 출신 지원자에게 부여하는 평균점수는 83점으로 나타났다. '서울소재 대학 출신 지원자를 선호하는 이유'는 상대적으로 업무 수행능력이 더 높을 것이라는 기대감이 33.6%(182명)로 가장 많았다. 서울소재 대학 출신 직원들이 많아 동질감 형성 차원에서라는 응답도 19.7%(107명)로 뒤를 이었다. 반면 '서울소재 대학 출신 직원과 지방대학 출신 직원의 업무 능력 수행에 차이 여부'에 대해서는 67.3%(365명)가 출신대학과 업무능력과는 차이가 없다고 응답했다. 그럼에두 이들 기업 가운데 30% 이상이 지방대학 출신 졸업자를 '20% 미만'으로 채용하고 있었다.
>
> (사람인·커리어, 2004.8.31, 「지방대생 취업실태조사」 보도자료)[38]

. 위의 예시에서 보듯이, 조사대상 기업의 대부분은 수도권대학생과 지방대 학생 간에 업무능력에 차이가 없다고 하면서도 채용시 서울소재 대학 출신자를 선호하는 모순적인 채용형태를 드러내고

---

38) 취업포탈 〈사람인〉과 〈커리어〉가 2004.8.16~8.30일까지 542개 기업 인사담당자를 대상으로 지방대생 취업실태를 조사한 결과이다.

있다. 따라서 이러한 기업의 인력채용 패턴은 지방대 여학생의 괜찮은 일자리 진입을 제한하는 장벽이 된다.

그런데 학벌기제는 채용과 모집공고 단계에서 직접적으로 드러나는 것이 아니라 기업 내부에서 진행되는 실제 채용과정 – 서류심사, 면접 등 – 에서 출신학교, 즉 어느 대학을 나왔느냐가 선발의 중요한 고려사항이 되는 형태로 적용된다. 게다가 이 조사에 참여한 지방대 출신 구직자 429명 가운데 '구직활동 시 지방대 출신이어서 불이익이나 차별을 받은 적이 있다(66.4%)'거나 일반적으로 대학생들의 구직경향이 대기업이나 금융권, 공기업 등의 괜찮은 일자리 위주인 데 반해 지방대 출신자들은 '중소기업 위주로 취업하겠다(47.5%)'고 밝혀 '대기업 위주로 취업하겠다(19.1%)'와 큰 차이를 보였다(사람인·커리어, 2004). 이처럼 채용단계에서 출신대학에 따른 선별적인 채용기제의 적용은 지방대생이 구직시장 상황에 맞춰 취업 눈높이를 빠르게 하향 조정하게 만든다. 이처럼 많은 지방대 학생들이 채용차별을 취업준비나 노동시장 입직단계에서부터 경험하고 있다는 것은 채용차별의 문제가 우리 노동시장의 주요 과제임을 시사한다.

> 지방대생인 거는 아무래도 핸디캡으로 작용한다고 봐요. 아무래도 대학의 네임밸류가 중요하고 취업할 때도 지방대라는 이유로 무시당하는 것 같아요. 서울 친구들 보면 좋은데 취업도 하는데 제 주위에서는 괜찮은데 취업했다는 소리 잘 못 듣거든요. 열심히 한다고 하는데 번번이 미끄러지는 거 보면 남일 같지 않죠.
>
> (지방 J대학, 무역학과 4학년)

> 수능 때 경희대랑 여기랑 붙었는데 지금 생각하면 후회돼요. 왜 경희대 안

갔는지 (……) 한 3학년 때까지만 해도 나만 열심히 하면 될 거라고 생각
했는데 막상 4학년 돼서 서류 여기저기 내다 보니 지방대라는 꼬리표가
만만치 않아요. 저 나름대로 이것저것 열심히 하면서 살았어요. 미국으로
1년간 영어연수도 갔다 오고 토익도 900 넘고 ○○기업에서 하는 대학
생 문화체험행사로 두바이에도 다녀오고 (……) 그런데 그게 다 무슨 소
용이에요. 졸업이 코앞인데 아직 취업 못 했는데 (……) 서류 30~40군
데 정도 냈는데 면접 본 데는 많지 않아요. 제 스펙이 그렇게 떨어지나
요? 이 정도면 나쁘지 않잖아요.

(지방 J대학, 영어영문과 4학년)

채용차별과 관련한 다음 설문조사 결과는 지방대 학생들이 느끼
는 취업장벽의 현주소를 알려 준다.

기업의 특정대학 선호에 관련된 '구직시 출신학교에 따라 차별받는 느낌을
받은 적이 있는가'를 묻는 조사에서 지방대 응답자 804명 중 88%(705
명)가 그렇다고 답했고, 아니라고 응답한 비율은 12%(98명)에 그친다.

(인쿠르트, 2004.9.21~9.28)

우리나라의 경우 전체 실업률에 비해 청년실업률이 매우 높은
것이 문제지만 수도권대학과 지방대학 간 정규직 취업률, 대기업
취업률 등 취업의 질적 차이가 크다는 것은 더욱 심각한 문제이다.

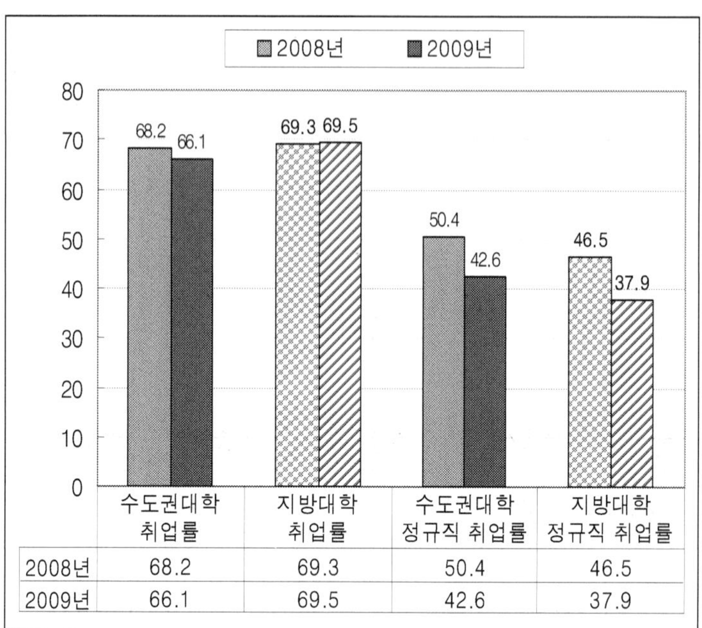

	수도권대학 취업률	지방대학 취업률	수도권대학 정규직 취업률	지방대학 정규직 취업률
2008년	68.2	69.3	50.4	46.5
2009년	66.1	69.5	42.6	37.9

주: 수도권대학은 서울, 경기, 인천 소재 대학임.
자료: 한국교육개발원. 교육통계서비스. 〈http://cesi.kedi.re.kr〉. 「교육통계연보」. 각 연도.

지방대 학생의 취업률은 수도권대학생의 취업률보다 높다. 하지만 오히려 고용의 질적 상태를 보여 주는 정규직 취업률은 약 5% 내외의 격차를 보이면서 지방대 학생이 낮게 유지되고 있다(<그림 15> 참조).

기업규모별 취업률은 수도권대학과 지방대학 간에 뚜렷한 차이를 보이는데 서울 및 경인지역 대학의 경우 대졸자의 30~40% 정도가 대기업에 취업하는 데 반해 지방대학의 대기업 취업률은 10% 내외에 그치고 있어 지방대학의 대기업 취업률은 수도권대학과 큰 차이를 보인다(<그림 16> 참조).

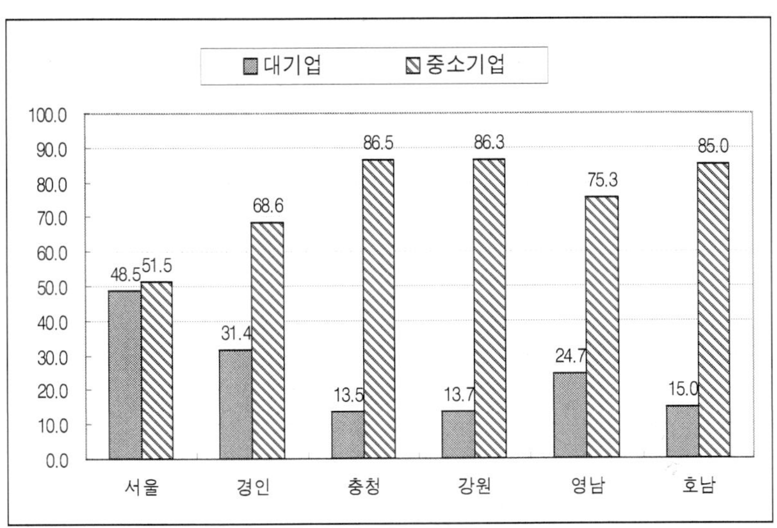

주: 제주도는 호남 지역에 포함.
자료: 한국교육개발원. 교육통계서비스. 〈http://cesi.kedi.re.kr〉. 「2008 취업통계분석자료집」.

　　이러한 결과는 1960년대부터 시작된 정부주도의 경제개발이 수도권과 지방 간 격차를 확대시킨 데서 비롯되었다. 높은 부가가치를 생산하고 비교적 고용창출력이 큰 대기업, 첨단산업 부문, 각 기업의 본사 등을 수도권에 집중시킨 수도권 위주의 성장전략은 절대적인 일자리수와 고임금, 높은 고용안정성을 제공하는 괜찮은 일자리의 수도권 집중 현상을 낳았고 지방 경제의 상대적 낙후로 이어졌다. 결국 지방대 학생은 서울이나 수도권 출신 학생들에 비해 지역에서 제공받을 수 있는 고용기회가 적고 일자리의 질 역시 상대적으로 낮을 수밖에 없다.

　　오늘날 지방대학을 졸업한 후 괜찮은 일자리 취업이 어렵다는 것은 지방대학을 기피하게 만드는 원인이 되고 있다. 수도권대학과 지방대학의 전공계열별 대기업 취업률을 살펴보면 <표 54>와 같다.

<표 54> 4년제 대학 졸업자의 100대 대기업 취업현황

단위: 명, %

		인문사회계열	자연과학계열	공학계열
수도권대학	취업대상자(A)	31,924	8,581	19,833
	취업자(B)	2,677	686	3,024
	취업률(B/A)	8.4	8.0	15.3
지방대학	취업대상자(A)	57,076	24,912	42,607
	취업자(B)	2,756	902	2,376
	취업률(B/A)	4.8	3.6	5.6

자료: 이병식. 2004. "청년실업과 지방대 졸업생의 취업문제". 「도시문제」: 59.

100대 대기업 취업률은 지방대학과 수도권대학 간에 2~3배의 차이를 보인다. 수도권대학 공학계열은 100대 대기업 취업률이 15.3%인 데 반해 지방대학은 5.6%에 그친다. 특히 지방대학 인문사회계열과 자연계열의 대기업 취업률은 5%에도 미치지 못한다.

여기에 더하여, 경제위기와 기업의 채용전략 변화는 지방대 학생들에게 더 큰 영향을 미치고 있다. 고등교육의 대중화로 노동시장에서 고학력자가 차지하는 비중이 높아져 학력의 변별 기능이 취약해지자 기업이 학벌을 고용전략의 하나로 사용한다(어수봉, 1994; 홍영란 외, 2002). 그 '예'로 기업은 채용과정에서 '온라인 필터링 시스템'을 사용한다.

온라인 필터링 시스템은 대개 학교, 학점, 전공관련성, 어학능력, 자격증과 경력사항 등 5~6개 항목을 설정해 놓고 점수화하는 시스템이다. 이 중에서도 학교 항목의 배점이 40점 정도로 제일 높다. 이를테면 'SKY(서울대·고려대·연세대의 약칭)'를 나오면 40점 만점이 배정되고 다른 서울소재 대학이나 지방 국립대는 30점, 지방사립대는 20점의 점수가 배정되는 방식이다. (……) 언뜻 보면 객관적인 것 같지만 관건은 결국 어느 대학을 나왔느냐는 것이다. 온라인 필터링 시스템에서 학교 항목의 배점이 가장 높아서 제아무리 학점이 높거나 어학능력이 뛰어나더라도 지방대를 나오면 좋은 점수를 얻기가 어렵기 때문이다.

(한겨레21, 2003.7.28)

온라인 필터링 시스템은 채용인원 10배수 안에 들지 못하면 원서를 검토하지 않으며 보통 10배수 안에 드는 지원자 가운데 지방대 출신은 20% 미만이라고 한다. 입사지원 단계에서 지방대생은 면접조차 보기 힘들다는 결론이 나온다. 이와 같이 지방대 출신에 대한 차별은 단순한 선입견이나 인식상의 편견의 문제가 아니라 채용과정에 제도적, 기술적인 선별장치가 존재한다(양돌규, 2004). 이것은 어느 대학을 나왔느냐가 채용과정에서 취업을 결정짓는 주요 변수이며 채용시장 내에서 지방대생에 대한 체계적인 차별이 존재한다는 사실을 말해 준다. 기업이 출신대학에 따른 가산점 부여 등을 통한 채용차별은 학벌을 더욱 공고히 하는 구실을 한다. 그렇기 때문에 지방대 학생은 노동시장 입직단계에서 수도권대학생과 동일한 학력을 가지고 있어도 취업준비를 통한 인적 자본 축적만으로 학벌 효과를 상쇄하기 쉽지 않다.

신입사원 선발과정에서 출신대학에 따른 기업체의 채용차별은 선발의 1차 단계에서부터 지방대 학생에게 불리하게 적용된다. <표 55>에서 보듯이, 학벌은 서류전형 단계에서 가장 영향력 있는 선발기준이며 지방대 학생이 취업준비를 통해 축적할 수 있는 학점, 어학과 같은 인적 자본요소는 채용과정에서 당락 결정의 절대적이고 유효한 변수로 작용하기 어렵다. 왜냐하면 오늘날 취업준비생들은 이전 세대에 비해 보다 많은 취업스펙을 갖추고 있고 비슷한 취업스펙을 갖추고 있는 경우 출신대학의 명성(순위)은 기업에게 보다 긍정적인 선발 신호를 보내게 된다.

<표 55> 기업체의 신입사원선발 서류전형 기준

단위: 점

요 소 등급(가중치)	학력(학벌)	전 공	학 점 (4.5만점)	어 학	나 이
배점(100)	40	10	20	20	10
가 등급(1.0)	명문대	전공 적합	4.0 이상	TOEIC 900이상	27
나 등급(0.9)	서울주요 대학		3.5 이상	TOEIC 800이상	27±1
다 등급(0.8)	서울소재 대학, 지방 국립대학	유사전공	3.0 이상	TOEIC 700이상	27±2
라 등급(0.7)	수도권 대학, 지방사립 주요 대학		2.5 이상	TOEIC 600이상	27±3
마 등급(0.6)	기타 대학	비전공	2.5 미만	TOEIC 600미만	27±4

주: 100개 조사기업체의 인사자료를 기초로 재구성함.
자료: 홍영란 외. 2002. 「기업의 직원채용 및 승진 등에 학벌이 미치는 영향 연구」. 한국교육개발원: 88.

그렇기 때문에 지방대 학생은 수도권대학생과의 입직경쟁에서 우위를 점하기가 어렵다. 대졸 취업시장은 출신학교에 의해 크게 영향받고 있어 취업을 목전에 둔 지방대 남녀 학생들은 수도권 중심주의로 인해 취업장벽을 경험한다(임선희·전혜영, 2004). 대기업의 경우 대규모 공채에서 소규모 수시채용 방식으로 직원을 채용하는 과정에서 서울의 주요대학과 특정학과에 가중치를 두거나 아예 취업원서 교부를 특정 학교에 제한하기도 한다. 이처럼 학벌은 청년 채용시장에서 노동수요자에 의해 재생산되고 있다.

이러한 대졸 신입사원 채용방식과 지방대학 출신자에 대한 차별은 기업에 상당한 책임이 있다. 기업이 명문대 출신자에게 가산점을 주는 것은 그만큼 우리 사회에 인적 자원의 수준과 질을 판단해 줄 수 있는 객관적인 장치나 인프라가 부족하고(홍영란, 2002), 그 동안 인적 자원의 특성과 질을 정확히 판단할 수 있는 다양한 형태의 평가도구 개발에 소홀했기 때문이다. 기업은 직원채용 문제를 기업성과와 경영 생산성을 고려한 기업의 고유한 인사영역이라고 주장하면서도 정작 직원선발이나 모집과정에 합리적인 채용방식과 기준을 채택하고 제시하는 데는 소홀했다.

지금까지 취업장벽이 지방대 여학생의 노동시장 입직단계에서 어떤 어려움을 가져오는지를 성별요인과 지방대요인으로 나누어 살펴보았다.

지방대 여학생의 노동시장 입직은 젠더와 지방대라는 취업장벽에 의해 방해받고 있다. 지방대 여학생은 인적 자본 축적이 노동시장 성과로 실현되는 데 장애가 따르고 노동시장에서 여성, 지방대 배경 모두가 긍정적인(적극적인) 선발 기제로 작용하지 못하였다. 대졸 청년층의 신규 입직 채용시장은 성별과 지역으로 분절되어 있고 자본은 채용시장에서 지방대 여학생을 통계적으로 차별한다. 그렇기 때문에 노동시장 입직단계에서 대다수 지방대 여학생들은 개인의 취업준비 노력과 별개로 취업장벽에 의해 상대적으로 불리한 위치에서 취업준비를 시작한다. 그리고 취업장벽은 지방대 여학생의 균등한 취업기회와 대기업 및 정규직 취업으로 대표되는 좋은 일자리 진입성과를 제한하는 결과를 초래한다.

성별요인은 여성의 생애주기 특성을 회피하려는 노동수요, 기업의 성차별적인 채용방식과 고학력 여성인력 채용기피 등으로 나타났다.

여성의 생애주기는 노동수요자가 여학생 채용 이후에 기업이 부담해야 하는 출산 및 육아 등에서 비롯되는 업무공백이나 비용부담을 선발단계에서부터 고려하여 여학생 채용을 기피한다. 기업은 인력채용이 기업 경영의 고유영역이라는 명목하에 외부로 잘 드러나지 않는 형태로 신입사원 모집과 선발과정에서 남성쿼터제와 같은 채용 프로세스를 통해 고학년 청년여성인력을 배제하는 채용방식을 적용한다. 그러므로 지방대 여학생의 취업난은 근본적으로 기업의 남성인력 선호와 소극적인 여성인력 채용에서 비롯된다고 하겠다.

지방대요인은 노동시장 입직단계에서 출신대학의 서열과 명성에 기초한 기업의 차별적인 인력채용이 지방대 학생들을 좋은 일자리에서 주변화시킨다. 대학 서열은 채용과정에서 출신대학의 간판효과, 즉 학벌을 재생산하면서 지방대 학생의 취업성과를 차별화한다. 출신대학에 따른 채용차별은 지방대 학생들이 수도권학생들과 동일한 인적 자본을 축적해도 학벌효과를 상쇄하기 어렵게 만든다. 이처럼 대학서열에 기초한 학벌자본은 온라인 필터링 시스템과 같은 채용제도를 통해 청년채용시장에서 노동수요자에 의해 재생산되고 있다.

3. 두 가지 장벽요인이 결합하였을 때

이 글은 지방대 여학생의 취업문제를 성별 또는 지역요인 각각을 별도로 다루었던 기존 연구와는 달리 두 가지 요인을 모두 다루면서 두 요인이 지방대 여학생의 취업준비 과정에서 어떻게 결합되는지에 주목하였다.

지방대 여학생의 노동시장 입직은 두 가지 선별기준이 동시에 개입한다. 지방대 여학생의 취업은 능력과 자질에 기초한 차이를 채용단계에서 어떻게 선별할지와 젠더 또는 출신대학에 기초한 집단에 대한 선호와 차별이 선발과정에서 어떤 형태로 결합되어 채용장벽의 높낮이가 조절되는가이다.

기업은 일자리 유형, 업무내용, 기업의 인력채용방침, 조직특성에 따라 인력 채용기준을 다양하게 제시한다. 하지만 대졸 청년층이 선망하는 좋은 일자리 채용결과가 성별과 출신대학에 따라 다르게 나타나는 현상은 노동시장 입직구에서 여성과 지방대학 출신자에 대한 채용의 스테레오타입(stereotype)이 존재한다는 것을 예상하게 한다.

우리가 주목해야 할 것은 대졸 신규채용시장에서 성별에 따라 지방대요인이 다르게 표현된다는 점이다. 아래의 인터뷰 내용은 이같은 사실을 말해 준다.

(S사, 인사담당직원)

지방대 남학생의 경우 능력이 채용의 주요 선별기준이 된다는 것은 노동시장에서 고학력 인적 자본요소의 실현을 뜻한다. 물론 수도권대학, 특히 명문대학 남학생과의 취업경쟁에서는 지방대학 남학생도 학벌이나 대학 서열화 구조에서 충분히 자유로울 수 없겠지만 인적 자본의 축적은 남학생에게 지방대요인이 가져오는 채용차별의 간극을 없애거나 좁힐 수 있게 한다. 다른 말로 표현하면, 지방대 남학생은 기업의 채용 선호와 선별기제에서 지방대학이라는 출신배경이 매력적인 유인이 되지 않지만 그 영향력은 절대적이지 않다. 기업이 선호하는 취업스펙을 보유한 지방대 남학생의 경우 기업은 굳이 적극적으로 지방대 남학생을 선발에서 제외할 이유가 없다. 따라서 남학생은 충분한 인적 자본의 축적(취업준비)을 통해 기업에게 긍정적인 채용신호를 보냄으로써 지방대라는 차별요인을 일정 혹은 상당 부분 상쇄시킨다.

그러나 지방대 여학생은 여성이라는 젠더가 또 다른 차원에서 선발과 채용의 주요한 고려대상이 된다. 그렇기 때문에 지방대 남학생은 인적 자본 강화로 지방대요인을 상쇄시켜 나가지만 지방대 여학생은 성별요인이 지방대요인과 결합되어 있어 차이가 차별로 확대되거나 두 요인의 유기적인 결합 작용으로 차별을 극복하기가 더욱 쉽지 않다. 그러므로 지방대 여학생의 취업과정은 능력과 자질에 기초한 차이 선별과 채용차별이 보다 역동적으로 개입되어 있다.

한마디로 지방대요인은 선발과 채용단계에서 남녀 대학생들에게 다르게 적용된다. 청년여성의 높은 대학 진학률은 졸업 후 여대생의 대규모 노동시장 진입으로 이어지는데 지방대 여학생은 입직단계에서 개인의 능력 부족만으로는 설명되지 않는 노동시장 차별을 경험하게 된다. 남학생과 다른 여학생의 젠더 특성은 노동수요자가 여학생을 채용하는 데 부정적인 선별기준으로 작용한다. 따라서 지방대 여학생의 좋은 일자리 취업이 어려운 채용상황은 지방대 여학생이 취업준비를 하면서 개인의 취업스펙(인적 자본)과 함께 채용시장에 형성되어 있는 환경요인들을 동시에 고려하게 한다. 물론 지방대 여학생의 취업은 성별과 지방대요인 같은 환경요인 이외에도 실제 취업준비과정에서는 훨씬 다양한 모습으로 나타난다.

지방대라는 출신배경은 지방대 여학생의 노동시장 입직단계에서 채용시 고려사항이 되지만 입직 이후 개인의 업무능력이나 기업의 비용부담 등에는 별다른 영향을 미치지 않는다.

반면 성별요인은 채용을 결정하는 선발단계에서도 주요 변수가 되지만 동시에 선발 이후 업무단계로까지 그 영향력이 이어진다. 때문에 젠더는 노동수요자가 지방대 여학생의 채용과 탈락을 선별하는 중요한 가늠자가 된다. 노동수요자는 근속기간이나 이직 등 채용 이후의 업무 지속성이나 생산성, 인력채용에 따른 비용과 보상을 고려하기 때문에 성별은 채용의 보다 주요한 선별기준이 된다.

여직원한테는 면접할 때 결혼하고 나서도 일을 계속 할 건지 말건지 꼭 물어봅니다.

(S기획, 대표)

지방대 여학생의 경우 인적 자본 축적을 통해 채용 관문을 통과할지라도 젠더 요인은 여성의 생애주기와 밀접한 영향을 가지고 있기 때문에 기업은 여학생 채용 이후에 기업이 부담해야 하는 출산 및 육아휴직을 비롯한 업무공백, 비용부담 등을 선발단계에서부터 고려한다. 따라서 성별요인은 지방대 여학생의 노동시장 입직 전후에 걸쳐 폭넓은 스펙트럼으로 작용한다. 성별요인으로 인해 지방대 여학생은 자신의 취업준비 노력이 노동시장에서 채용 혹은 생산성으로 실현되는 데 더 많은 제약을 받는다.

결국 장벽요인의 결합은 노동시장 입직구에서 지방대 여학생이 중소기업, 비정규직 등 2차부문으로 유입되도록 만들고 좋은 일자리 진입을 제한하거나 일부 선택적으로 편입시킨다. 이처럼 지방대 여학생의 노동시장 입직은 성별과 지방대요인에 의해 '흔들리는 다리' 위에 서 있는 불안정한 모습을 띠게 된다.

제7장 취업장벽에 적응하는 방식

장벽 적응방식은 지방대 여학생이 취업장벽에 어떻게 적응하고 갈등하는지를 취업준비와 관련지어 이해한다. 구체적으로 취업장벽이 지방대 여학생의 차선적 선택과 낮은 취업목표 설정 및 취업희망 분야 한정에 어떤 모습으로 개입되어 나타나는지를 설명한다.

1. 차선적 선택

여학생들에게 차선적 선택이란 졸업 후 경제활동에 참여하는 대신 '결혼해서 주부가 되는 것'을 하나의 차선적인 선택요소로 여긴다는 것을 뜻한다. 남학생의 경우 직업을 갖는 것과 가장, 아버지가 되는 것은 지극히 자연스러운 양립가능한 과정인 데 반해 여학생에게는 직업을 갖는 것과 아내, 어머니가 되는 것이 선택지로 고려된다. 여학생은 남학생과 달리 취업준비에 차선적 선택의 영향이 일부 작용하는 것이다. Pollert(1983)는 여성 노동자가 사회구조 속에서 수동적인 존재가 아닌 적극적인 존재이며 여성들이 결혼을 대안적 노동으로 인식하고 있다는 점을 지적하였다.

물론 차선적 선택 행위가 지방대 여학생만이 가지는 특수한 경험이나 행동양식은 아니다. 그리고 개개인의 취업동기나 의지에 따라 차선적 선택의 영향력도 다를 수 있다. 뿐만 아니라 차선적 선택은 노동시장에서 여성의 지위와 성역할 사회화의 영향으로 형성되는 것이므로 수도권 여학생집단에게도 나타난다.

그러나 구별되는 점은 지방대 여학생의 경우 차선적 선택이 지방대요인과 결합되어 지방대 여학생으로 하여금 보다 비자발적인 선택을 하도록 만든다는 점이다. 다시 말해, 차선적 선택은 지방대 여학생의 적극적인 취업준비를 방해하고 설혹 취업의지가 높더라도 취업준비에 소극적이거나 취업목표를 낮추는 요인으로 작용하게 된다. 결국 차선적 선택은 지방대 여학생에게 하위직급 선택, 일자리 선택시 눈높이의 하향 조정, 취업준비 노력의 적극성 부족, 취업을 결혼의 징검다리로 여기는 모습으로 나타난다.

그런데 오늘날 차선적 선택은 지방대 여학생들에게 긍정(수용)보다는 '갈등적인' 것으로 받아들여진다. 여성의 고등교육기회 확대와 경제활동 참여 욕구의 증대는 여대생들이 학교교육을 마치면 취업하여 노동시장에 참여하는 것을 지극히 당연한 과정으로 여기도록 만들었다. 그러나 현실에서 지방대 여학생의 취업욕구를 실현하는 데는 많은 장애가 따른다. 이러한 장애는 고용시장 내·외부에 존재하면서 지방대 여학생의 교육적 성취가 노동시장 성과로 전환되는 것을 방해한다. 이처럼 인식과 현실의 괴리는 지방대 여학생이 차선적 선택을 일정 정도 수용하더라도 그것은 동시에 갈등적인 것으로 받아들여진다.

솔직히 성적 되고 학점 좋고 자격증이 되서 삼성이나 대기업에 갈 수 있으면 승무원보다는 대기업에 들어가고 싶어요. 그런데 지방대 여학생은 대기업 들어가기가 힘들잖아요. 그렇다고 승무원이 쉽다는 건 아니지만 (……) 원래 승무원 택한 이유가 좋은 남편 만날 생각도 있고. 승무원들이 시집 잘 간다는 말 있잖아요. 선도 되게 잘 들어온대요. 여자들이 좀 얄팍하다고 해야 하나. 여자들만이 할 수 있는 생각인데 짧게 일해서 돈 모으고 좋은 신랑 만나서 결혼해서 일 그만두지 하는 생각을 많이 하는 것 같아요. 홈테크도 나쁘지 않죠.

(지방 C대학, 경영학과 4학년)

게다가 남성이 생계책임자, 여성은 부차적 생계보조자라는 우리 사회의 성별분업 논리는 차선적 선택과 관련되어 있다. 지방대 여학생은 취업준비과정에서 반복적인 채용실패 경험을 누적하고 그 속에서 자신의 인적 자본(노동력)이 노동시장에서 선호되지 않는다는 것을 점차 알아 간다.

4학년 2학기부터 지금까지 입사지원서를 한 40군데도 더 낸 것 같아요. (……) 운 좋게 면접 보러 오라고 하면 요번에는 되려나 기대했다가 또 실망하고 (……) 작년에 ○○에 공채가 있어 다행히 면접 보러 갔었는데 그 넓은 강당에 서류에서 올라온 사람이 100명쯤 앉아 있는 거예요. 그중 여자는 12명이었어요. 오죽하면 제가 몇 명인가 세어 봤겠어요. 아는 사람 통해서 최종합격에 누가 붙었는지 알아봤는데 10명 중에 여자는 (서울) ○○대 나온 1명이었어요.

(미취업자: 지방 H대학, 수학과 졸업)

결국 지방대 여학생은 어쩔 수 없이 차선적 선택 혹은 성별분업 논리를 받아들이는 방향으로 적응하게 된다.

저희가 그동안 자라 온 사회적인 환경 탓도 있잖아요. 남자는 여자보다 많이 벌어야 된다는. 그런데 여자는 좀 안정적이면서 어느 정도 버는 직장이면 그걸로 만족하는 것 같아요. 왜냐면 결혼하면 남자가 어느 정도 생계를 책임진다고 생각하니까. 여자도 가정 경제를 책임져야겠지만 나중에 결혼을 한다고 생각했을 때 여자는 아이 키우고 돌보는 것이 1차고 (……) OO대 전자공학과 다니는 제 친구는 (여자라도) 졸업하고 좀 번듯한 대기업 들어갈지 모르지만 솔직히 저같이 좀 별로인 지방대 다니는 애들은 잘나가는 남자 만나 시집가는 것도 탈출구죠.

(지방 B대학, 게임공학과 3학년)

지방대 여학생이 무조건적으로 결혼을 취업을 대신하는 선택지로 여기거나 받아들인다는 설명은 맞지 않다. 지방대 여학생들 중 일부는 취업장벽에 부딪히면서 구조적 제약을 개인적 차원에서 차선적 선택의 형태로 옮겨 가거나 비취업진로를 선택하지만 이를 대다수 지방대 여학생이 그렇다고 보편화하기에는 무리가 있다. 왜냐하면 지방대 여학생의 취업의식과 취업준비에 미치는 차선적 선택의 영향은 절대적이지 않으며 또한 복합적이기 때문이다.

차선적 선택은 지방대 여학생의 취업준비에 가정과 학교교육에서 체화된 성역할 사회화의 모습으로 그리고 채용과정에서 누적된 실패에 대한 보상적 대안의 형태로 나타난다. 따라서 차선적 선택의 영향을 단순히 지방대 여학생의 취업준비 노력 부족이나 낮은 취업의지와 같이 개인적인 차원에서만 찾고 그 책임도 전적으로 개인에게 돌리는 것은 맞지 않다. 물론 부분적으로 늦은 취업결정과 취업준비 시작, 다양한 취업정보를 획득하려는 노력부족 등 지방대 여학생에게 책임을 지울 수 있는 부분도 있다.

그렇지만 이 문제의 근본적인 원인은 첫째, 여성에게 주어지는 이중역할, 즉 여성의 모성성(어머니 역할)과 직업인으로서의 역할을 우리 사회가 안정적으로 뒷받침해 주지 못하는 데서 비롯된다. 남성은 아버지와 생계부양자의 역할이 좋은 결합을 이루지만 어머니 역할과 가사노동을 포함하는 모성역할은 종종 여성의 시장노동과 충돌한다. 둘째, 이러한 상황은 수도권 여학생과 지방대 여학생 모두가 취업준비와 노동시장 입직단계에서 경험한다는 데서 공통적이다. 그러나 지방대 여학생은 취업준비단계에서부터 성별과 지방대라는 취업장벽이 더해져 선망하는 일자리 취업에서 지속적으로 주변화되면서 차선적 선택의 영향에서 자유롭지 못하게 된다.

이처럼 지방대 여학생은 자신의 성별, 생애주기, 노동시장 비선호, 지방대요인이 복합적으로 개입되어 비자발적이고 수동적으로 성역할 사회화와 희망일자리 취업실패를 수용하는 형태로 차선적 선택을 하게 된다.

2. 낮은 취업목표 설정

낮은 취업목표 설정은 지방대 여학생의 자발적인 선택이라기보나는 재학 중 취업을 준비하는 과정에서 취업장벽이 존재하는 채용환경을 인지하면서 채용시장에 현실적으로 적응하는 형태로 나타난다.

저학년 여학생은 자신이 취업하는 데 있어 노동시장의 채용장벽을 그다지 문제 삼지 않는 경향이 발견된다. 학교라는 울타리 안에서 여학생은 남학생과 똑같이 기회와 조건의 평등을 누리고 있고 취업에 있어서도 자신의 노력이 더욱 중요하며 설사 장애가 있다

할지라도 본인의 능력과 노력을 통해 극복할 수 있다고 생각한다. 여학생들은 그들도 남학생만큼 능력이 있는 사람이라고 믿고 노동시장에서 동등한 능력으로 평가받을 거라고 기대한다.

그러나 고학년이 될수록 이러한 인식에는 점차 미묘한 변화가 생기기 시작한다. 고학년 여학생은 취업경쟁에서 자신이 지방대 출신이라는 점과 함께 여성이라는 성별이 노동시장 입직에 상당히 불리하게 작용한다는 것을 깨닫기 시작한다.

얼마 전에 여대생지도자캠프에 간 적이 있는데 거기서 어떤 1학년 여학생이 "언니, 사무직 심심하고 지루해서 어떻게 해요"라는 말에 같이 갔던 4학년 학생 몇몇이 "저 철딱서니 없는 거. 너도 한번 4학년 돼 봐라 그 말이 나오나. 나도 1학년 때는 그랬다" 후진 지방대 나온 여학생을 어디 오라고 반기는 데 있는 줄 아냐.

(지방 H대학, 무역학과 4학년)

지방대 여학생이 취업이 어렵기 때문에 나타나는 결과는 한 가지 유형으로 단정 짓기 곤란하다. 지방대 여학생은 자신이 놓여 있는 현재의 채용상황에서 여성과 지방대라는 장벽요인이 가지는 노동시장 내 제약을 파악하고 취업장벽을 극복하기 위해서 다양한 취업스펙과 노동시장 경험 등을 갖추기 위해 노력하는 경우도 있고 반대로 남학생 또는 수도권대학에 다니는 학생들과의 취업경쟁에서 출발부터 불리하다고 생각하면서 아예 처음부터 취업목표를 낮추는 선택을 하기도 한다. 그렇다고 취업준비를 적극적으로 하지 않는 여학생들이 취업에 무관심한 것은 아니다. 이들은 대체로 취업 분야와 희망직업을 결정하지 못한 경우가 대부분이고 본인이 뭘 하고 싶은지 그리고 뭘 해야 할지 잘 모르기 때문에 취업준비에 집중하지 못하거나 주변에서 하는 취업준비를 따라 하는 취업준비 행동패턴을 보인다.

여성은 성공에 대한 기대와 포부가 높은 수준에서 출발하지만 다른 사람들의 성공과 실패를 지켜보면서 점차 기대와 포부를 낮추는 경향이 있다(Hanson, 1994). Furlong(1986)은 여학생의 직업포부가 낮은 이유를 여학생의 성취동기가 낮거나 삶에 대한 근시안적 태도 때문이 아니라 기존 노동시장에 대한 현실적 인식이 여학생들의 직업포부를 낮추게 한다고 설명했다. 여성이 직업적 지위가 낮은 직업에 위치하게 되는 것은 노동시장의 구조 때문이며 여성은 이를 인식하고 자신의 직업에 대한 기대를 낮추게 된다.

Cook(1993)은 여성과 남성이 직장에 입사하기 전부터 이미 사회적으로 차별화된 기대감을 갖고 있다고 가정한다. 이것은 태어나면서부터 갖게 되는 성역할에 대한 차별적 인식이 직장생활에서도 강력한 영향력을 발휘한다는 것이다. 즉 어릴 때부터 받아 온 교육과 환경의 영향에 의해서 여성과 남성은 자신의 역할에 대한 차별적 기대감을 형성하게 된다. 여성은 직장을 선택할 때 성공과 위험보다는 안정과 보수를 중요하게 생각하고 직무도 보조적이고 수동적인 업무를 담당하게 될 거라 예상한다.

직업적 포부를 실현하는 과정에서 직업의 접근가능성에 대한 지각을 기초로 진로장벽을 인식하게 되면 개인은 지각된 현실에 대처하기 위해서 자신의 목표를 타협하고 진로선택의 대안들을 축소시킨다. 그러므로 여성이 전통적으로 여성 취향적인 직업 또는 낮은 직위의 직업을 선호하고 보수적인 구직행동을 하게 되는 것은 진로와 관련된 장벽을 미리 지각하고 여성의 직업활동에 불리한 현실에 대처하기 위해 진로목표를 타협한 결과이다(손은령, 2001).

지방대 여학생은 졸업에 임박하면서 그들을 수용할 준비가 되어 있지 않은 세계와 만나게 되고 기업은 지방대 여학생에게 보다 많은 취업실패 경험을 안겨 준다. 그러면서 지방대 여학생은 노동시장에서 자기가 차지할 수 있는 직업적 한계(job ceiling)를 인지하고 현재의 채용구조와 관련시켜 그 한도 내에서 직업을 선택하게 된다(김선영, 2000). 이 같은 지방대 여학생의 취업목표 하향화는 역할모델 부족(혹은 부재)과 앞서 살펴본 취업장벽에서 그 원인을 찾을 수 있다.

> 텔레비전이나 잡지에 성공한 여성들 이야기가 요즘은 심심치 않게 나오잖아요. 저도 열심히 하면 저렇게 멋지게 성공할 수 있겠다. 희망을 갖죠. 그런데 TV에 나오는 성공한 여자들은 대부분 빵빵하죠. 명문대 출신에 집안도 좋고. 그런데 여자고, 지방대 나왔는데 성공한 여자는 글쎄요 (……) 전 거의 못 들어 봤어요. 그래서 그런지 TV에서 성공한 여자들 얘기 나오면 좋겠다 부럽다 하지만 실감은 확 안 나요. 제 주위에서 그런 사람 본 적이 없거든요. 그리고 특이한 아이템으로 성공한 여자들 이야기 ― 예를 들자면, 무학인데 성공했다거나 순대국밥 장사로 대박을 터트린 이야기나 소녀가장으로 성공한 얘기는 대학을 다니는 저희의 역할모델이 될 수 없잖아요.
>
> (지방 C대학, 사회학과 3학년)

지방대 여학생들은 수도권 학생들에 비해 상대적으로 자신이 희망하는 취업 역할모델을 찾기 힘들다. 주변에 좋은 역할모델을 찾기 어렵다는 것은 지방대 여학생들이 본격적인 취업준비를 하는 과정에서 그들의 취업목표를 하향 평준화시키는 원인이 된다. 그리고 지방대와 여성이라는 꼬리표는 지방대 여학생들에게 취업목표를 자연스럽게 낮추는 구실을 한다.

저는 공무원 시험을 볼 거예요. 9급 공무원이 아니라 행정고시를 볼 생각
인데 친구들에게조차 행정고시 준비한다는 소리를 못 하겠어요. 제가 행정
고시 준비한다고 하면 '쟤 시험에 붙기나 하겠어'라고 비웃을 것 같아 말
하기가 망설여져요. 그리고 저 스스로도 취업목표를 너무 크게 잡은 것이
아닌가 해서 (……) 사실은 조금 자신도 없구요. 행정고시를 3년 정도 준
비할 생각인데 고민이 많이 되더라구요. 고등학교 친구 중에 수도권 Y대
학에 다니는 친구가 있는데 그 친구는 사법고시를 준비하고 있어요. 그 친
구와 제가 다른 점은 그 친구 주변에서는 그 친구가 고시 준비하는 것을
이상하게 여기지 않는다는 거죠. 그 친구 주변에는 여학생들도 5급 시험
준비를 심심치 않게 하고 다른 회계사, 세무사 등 전문직 시험을 준비하는
학생들도 있으니까요. 아마 지금 제가 행정고시 준비한다고 하면 몇몇 친
구들은 열심히 하라고 말해 줄지도 모르지만 사실 속마음은 '그냥 9급 공
무원 준비를 하지'라고 말하고 싶을 거예요. 그래서 저는 학교 도서관에서
공부를 잘 안 해요. 처음에는 학교 도서관에서 공부했었는데 9급 공무원
준비하는 친구들이 너는 공무원 준비한다면서 왜 자격증 준비는 안 해. 가
산점이 있으니까 이런저런 자격증은 해야 돼. 공무원 시험 본다면서 토익
공부는 왜 해 등등의 얘기도 계속 들어야 하고 그러면 딱히 뭐라 말하기
도 곤란하고 해서요.

(지방 C대학, 사회학과 4학년)

위 면접 내용에서 보듯이, 지방대 여학생은 자기 선후배나 친구
들이 대부분 전문직보다는 일반 사무직, 하위직 공무원준비 등을
하는 경우가 대부분이고 그것이 자신이 가지고 있는 능력에 맞는
현실적인 선택이라는 동의를 형성해 간다. 이처럼 역할모델의 부재
는 지방대 여학생에게 비록 처음에 자신의 취업목표 수준을 높게
설정했다가도 결국 취업목표를 낮추게 하는 동인이 되곤 한다.

최근 여학생들은 90년대 초반에 출생한 세대로 남학생들과 동일
한 교육을 받았고 동등한 채용기회와 공정한 규칙이 주어진다면
입직경쟁에서 뒤지지 않을 거라고 기대한다.

실력만 가지고 따지면 떨어진다고 생각 안 해요. 대학 들어올 때는 남자나
여자나 누가 얼마나 더 열심히 노력했냐. 수능이나 논술이나 예체능 같으면
실기도 들어가겠죠. 대학 입학할 때는 실력으로 뽑으면서 취업은 왜 안 그
래요? 이건 불공평해요. 남자애들이랑 똑같이 수능 봐서 같은 대학 같은 과
에 들어왔고 우리가 남자애들보다 취업스펙이 차이 나는 것도 아닌데……
(지방 K대학, 노어노문과 4학년)

물론 그렇다고 지방대 여학생이 성별 채용기제에서 자유롭다는
의미는 아니다. 그보다는 여대생들이 노동시장의 성차별요인에 대해
피상적으로 인식하고 있기 때문에 자신은 그러한 차별적 구조에서
예외일 것(Mickelson, 1992)이라고 생각한다고 봐야 할 것이다.

제가 여자라서 취업에 유리하지는 않을 것 같아요. 취업문이 남학생보다
좁은 것 같지만 제가 남학생보다 능력이 뒤진다고 생각하지 않구요. 제가
여자인 거는 취업할 때 기업의 특성에 따라 유리할 수도 있죠.
(지방 J대학, 무역학과 4학년)

이러한 지방대 여학생의 인식은 기업의 지방대 출신 여성인력에
대한 시각과 괴리를 보인다.

서비스나 판매, 유통 쪽 일은 사람을 대하는 거니까 여학생이 아무래도 유
리하다고 많이 생각하시는 것 같습니다. 여성 지원자들도 많은 편이구요.
그런데 꼭 그렇지만은 않습니다. 배치에 지역 연고지를 고려하니까 대졸자
같은 경우 지역 대학 출신자가 많이 충원됩니다만. (……) 우리 회사의
경우 여직원은 대졸보다는 전문대졸이 많습니다. 일 특성상 대리점 회계나
경리는 여직원이 맡습니다. 실무적인 측면도 여직원을 뽑았을 때 출산휴가
등 업무 공백, 전체적인 인력운용을 고려해서 아무래도 (……) 대리점마다
조금씩 다르긴 해도 여직원은 1~2명 정도고 나머지는 남자직원입니다.
비슷한 조건이라면 남자 지원자들에게 유리한 판단을 하지 않나 싶습니다.

채용우대조건에 R.O.T.C. 출신이 있으니까 아무래도 남자직원은 대졸을,
여직원은 대졸보다는 전문대졸을 뽑는 (……) 내부적으로 연령제한(27세)
도 있고 전문대졸이 급여부담이 덜한 측면도 (……).

(S사, 인사담당직원)

노동시장 진입 문턱을 넘는 데 있어 성차별 의식은 점차 엷어지
고 여성직업활동인식도 적극적으로 변화했지만 그럼에도 지방대
여학생은 주변에서 지방대학을 나와 성공한 여성 역할모델을 찾기
쉽지 않다. 이러한 상황은 지방대 여학생의 노동시장 이행을 방해
하고 취업진로 선택의 범위를 하위직급으로 제한하거나 취업진로
선택유형을 공무원과 같은 특정 직종에 한정시키는 역할을 한다.

3. 취업준비 분야의 한정

지방대 여학생이 취업장벽에 취업준비 분야를 한정하는 형태로 적
응하고 있음을 청년층의 '공무원(준비) 선호 현상'을 통해 알아본다.
지방대 여학생의 취업문제는 개인의 취업준비 노력보다 또는 노
력에 선행하여 결국은 인력 수요치인 기업이 지방대 여학생을 얼
마나 채용하느냐 하는 맥락과 연결되어 있다. 인력 수요처인 기업
은 지방대 여학생을 젠더와 지방대라는 선별기제를 이용하여 괜찮
은 일자리에 제한적으로 채용하거나 배제시킨다. 그런데 지방대 여
학생이 취업장벽의 영향에서 자유로울 수 있는 유일한 일자리가
바로 공무원이다. 공무원 선호현상은 청년층 전체에서, 성별이나
대학에 상관없이 공통적으로 나타나는 현상으로 경제위기 이후 더

욱 뚜렷해지고 있다. 이러한 현상은 우리 사회에 '공시열풍(공무원
준비열풍)'이라는 신조어를 만들어 냈다.[39]

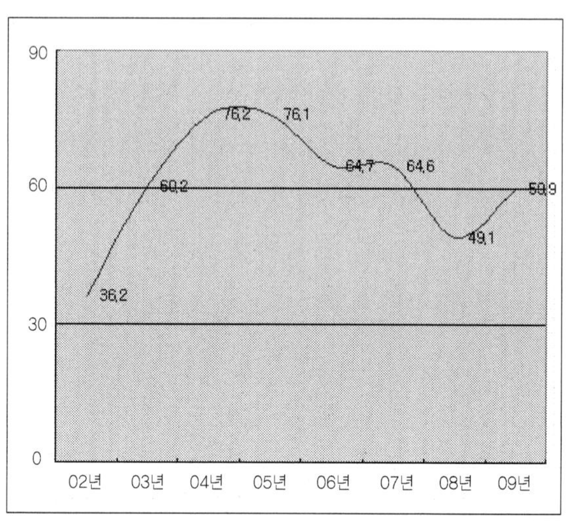

〈그림 17〉 공무원 9급시험 경쟁률 변화 추이

자료: 공무원저널. 2009.2.10. 〈http://www.psnews.co.kr〉.

특히 하위직 공무원준비 쏠림현상은 지방대학에서 보편적인 현
상으로 전망 있는 취업대안을 갖기 힘든 지방대 여학생의 취업현
실을 반영한다.

70~80%는 9급 공무원 시험준비를 한다고 보시면 돼요. 하위직은 일찍
합격할 수 있다고 생각하기 때문이겠죠. 뽑는 인원도 그렇고. 5급, 7급은
준비에 시간이 걸려서 계속 실패하면 다른 직장 들어가기 더 힘들고

---

39) 2009년 직렬별 9급 공무원 경쟁률은 행정전국 112.4 대 1, 지역 84.9 대 1, 선거관리위원
회 110.8 대 1, 우정사업본부 39.5 대 1, 시설건축일반직 264 대 1 등이다. 선발인원 증감
에 따라 선거관리위원회를 포함한 행정직렬은 일제히 경쟁률이 하락하였고 세무, 교정, 검찰
사무 등의 선발인원 축소 직렬은 대부분 경쟁률이 급상승하였다(공무원저널, 제331호).

(……) 여자 공무원 9급이면 어디다 내놔도 꿀리지는 않잖아요. 시험준비
가 좀 만만해 보이기도 하고 주위에서 서로서로 다 하니까요.

(지방 C대학, 경영학과 3학년)

앞서 5장 '지방대 여학생의 취업준비 실태'에서 살펴보았듯이 청
년층 중에서도 지방대 여학생의 과반수(51.0%)가 취업희망기업으로
공공기관을 선택하였다. 다음에서는 지방대 여학생 다수가 취업진
로로 공무원(공공기관)시험을 준비하는 이유를 살펴보자.

첫째, 고용안정성을 가장 먼저 꼽을 수 있다. 경제위기 이후 명예
퇴직, 정년단축 등으로 고용상태가 불안정해짐에 따라 청년층은 직
장을 선택할 때 고용안정성이나 정년보장을 중요 순위로 꼽게 되었
다. 지방대 여학생의 공무원 선호는 여성이 직업을 선택할 때 안정
성을 추구하는 경향(Cook, 1993)과 함께 대기업이나 중견기업 등 민
간기업 취업이 쉽지 않은 취업상황이 더해진 결과이다.

둘째, 선발과정의 공정성과 균등성을 들 수 있다. 공공기관 취업
은 지방대 여학생의 취업가능성을 높이는 요소를 포함하고 있는데
공무원 채용과정은 젠더와 지방대에 대한 명시적인 차별이 없고
합격할 경우 두가지 취업장벽요인을 한번에 극복할 수 있는 효과
적인 대안으로 여겨진다.

셋째, 취업준비의 상대적 수월성과 취업자원의 접근가능성을 들
수 있다. 공무원 시험 준비는 취업자본이 충분하지 않은 지역의 취
업준비 환경의 취약점을 어느 정도 극복할 수 있고 취업준비를 하
는 데 필요한 자본투자가 상대적으로 적다. 즉 지역 학생들은 (대
학)공무원시험준비 프로그램, 사설학원, 동영상강의 등 주변에서 취
업준비를 위한 매체와 시설을 비교적 쉽게 접할 수 있다. 게다가

기업체 채용방식에 비해 인·적성검사, 영어회화(OPIC test 등), 인턴십 경험 등 다방면에서 취업준비를 하지 않아도 될 뿐만 아니라 선발의 1차 과정인 필기시험 비중이 큰 것도 취업준비 가능성을 높인다. 그리고 대부분 고등학교나 대학 과정에서 이수할 수 있는 과목으로 필기시험이 치러지기 때문에 외국어나 봉사활동, 해외어학연수, 공모전 등의 취업 커리어를 쌓기 위한 시간과 노력을 덜 들여도 된다는 장점이 있다. 따라서 지방대 여학생이 취업준비를 하면서 경험하는 취업정보나 취업인프라 부족을 어느 정도 극복할 수 있다는 상대적 수월성이 작용한다.

넷째, 여학생은 직업선택에서 자신의 생애주기를 고려한다.

사귀는 남자친구랑 결혼하면 맞벌이를 할 건데 일하면서 애들 키우기에는 공무원만 한 직장이 어디 있나요. 출산휴가나 육아휴직도 눈치 안 보고 쓸 수 있고 (……) 학벌이나 나이와 상관없이 시험점수로 붙고 떨어지는 게 결정되니까 지방대를 나온 저 같은 사람한테는 좋아요.
(지방 C대학, 회계학과 졸업)

전에는 ○○증권에 다녔었는데 (……) 공무원은 정시에 퇴근할 수 있다는 것만으로도 저같이 결혼한 여자에게 좋은 직장이죠.
(Y구청 상용직, 지방 H대학 경제학과 졸업)

인터뷰 내용에서 보듯이, 지방대 여학생이 공무원을 희망직업으로 선호하는 이유 중의 하나로 육아나 가사 병행을 꼽아 직업선택에 여성의 성역할이 반영되고 있음을 알 수 있다.

다른 사람은 모르겠지만 사실 저는 애도 제 손으로 키우고 싶은 생각이 있거든요. 저 같은 생각을 가지고 있는 애라면 사기업 같은 데는 더 부담

스러울 것 같아요. 그러니까 취업 분야도 어느 정도는 결혼을 염두에 두고
찾지 않을 수 없죠. 아무래도 더 안정적인 직장을 찾게 되고…….

(지방 J대학, 영어영문과 4학년)

　　공무원 육아휴직제도는 우리나라 모성보호제도를 가늠할 수 있
는 주요 척도일 뿐 아니라 민간기업의 모성보호제도의 규준이 된
다는 점에서 살펴볼 필요가 있다(<표 56> 참조).

〈표 56〉 여성 공무원 육아휴직제도 개선현황

제 도	년 월	내　용
출산휴가	1963.6	여성 출산휴가 60일 도입(복무규정 제정)
	1999.12	여성 출산휴가 60일 의무화
	2001.10	출산휴가 60일 → 90일로 연장
육아휴직	1994.12	육아휴직제도 도입(국가공무원법)
	2001.11	육아휴직수당 월 20만원 신설(수당 규정)
	2002.1	육아휴직요건 완화: 1세 미만→3세 미만 임신 중 육아휴직 신청 가능
	2004.3	육아휴직 대상 직종 확대 및 휴직기간 경력평정 포함
	2007.1	육아휴직수당 월 50만원으로 인상 ※ 2003년 30만원, 2004년 40만원으로 인상
	2007.3	육아휴직 요건 및 기간 확대, 결원보충요건 완화 － 신청 당시 3세 미만 자녀 → 6세 이하 미취학 자녀 양육시 － 여성공무원은 최대 3년까지 가능 － 출산휴가와 연계한 3개월 이상 휴직시 결원보충
자녀양육	2005.2	육아휴직대상 공무원의 부분근무제 도입
	2005.3	출산휴가·육아휴지자의 심리적 부담감 최소화를 위한 － 업무대행공무원제, 대체인력뱅크제 도입
모성모호	1999.12	임신 중인 공무원에게 매월 1일 보건휴가 부여 1세 미만 유아를 가진 여성공무원 육아시간 부여(1일 1시간)
	2001.8	임신 중·산후 1년 미경과 여성 유해업무금지(근로기준법) 보건휴가와 육아시간은 특별한 사정이 없는 한 허가
	2002.3	정부청사 신축시 직장보육시설 확보 등(지침)
	2005.6	배우자 출산시 3일 출산 휴가부여(국가공무원 복무규정)

자료: 중앙인사위원회. "육아휴직제도, 2008년부터 달라지는 사항". 〈http://www.csc.go.kr〉.

　여성 공무원의 출산 및 육아와 관련된 모성보호제도는 여학생들이 희망직업으로 공무원을 선택하게 하는 동인 중의 하나이다. 지금까지 살펴본 이런 요소들이 청년층 전체, 그중에서도 특히 지방대 여학생이 공무원을 선호하는 주된 이유이다.

　종합하면 지방대 여학생의 다수가 공무원 시험을 준비하는 것은 첫째, 고용안정성과 기업의 채용장벽을 고려한 선택이라는 점, 둘째, 채용과정이 여성과 지방대라는 핸디캡을 극복하는 데 효과적이라는 점, 셋째, 취업준비자원의 지역적 격차가 비교적 극복가능하다는 점, 넷째, 공무원이라는 직업군이 여성의 생애주기와 같은 성별요인을 잘 보완해 주기 때문이다. 즉 지방대 여학생은 자신의 직업선택 범위 안에서 고용안정성을 확보하면서 동시에 채용과정의 기회균등과 공정성, 취업자원의 활용과 여성의 생애주기를 지지해 줄 수 있는 직업군으로 공무원을 선택하게 된다.

　지금까지 살펴본 지방대 여학생의 취업장벽 적응방식을 정리해 보자. 지방대 여학생은 취업장벽에 차선적 선택으로 도피처를 찾거나 취업목표를 낮추고 취업희망 분야를 공공기관으로 집중하는 형태로 적응한다. 차선적 선택은 지방대 여학생의 취업준비과정에서 가정과 학교교육에서 체화된 성역할 사회화의 모습으로 그리고 입사지원에서 누적된 실패에 대한 보상적 대안의 형태로 나타난다. 또한 역할모델의 부재, 직업선택의 한계, 노동시장 상황에 대한 인식은 지방대 여학생이 취업목표를 낮추고 취업 분야를 한정하도록 만드는데 지방대 여학생의 취업장벽 적응방식은 취업준비과정에서 비자발적으로 선택되고 갈등적으로 받아들여진다는 점에서 대책이 필요하다.

제8장 대학에서는 어떠한 취업지원을 하고 있는가

이 장에서는 대학 취업지원의 현황과 문제점을 파악하고 대학이 지방대 여학생의 취업장벽 해소를 위한 지원 노력과 프로그램을 제안한다.

1. 취업지원 현황과 문제점

대학은 개인의 커리어 설계 및 실천을 위해 중요한 역할을 수행하고 지방대 여학생의 취업지원을 대표하는 기관이다(박수경, 2006). 그러므로 대학은 여대생의 취업진로 및 취업지원의 주된 실행기관으로 여학생의 노동시장 이행을 돕는 중추적인 역할을 담당하고 있다.

최근 대학교육의 목적은 전통적인 학문 중심 일변도에서 벗어나 평생학습 개념의 도입 및 교육과 일, 직업에 대한 준비 등이 부각되고 일반대학도 많은 부분 직업세계를 준비하는 실용적 교육이 요구되는 추세로 변모하고 있다(한국여성정책연구원, 2001). 그동안 대학은 고급 여성인력을 배출하면서도 여학생의 취업문제와 취업지원에 관심을 갖기 시작한 것은 비교적 최근의 일이다.

청년실업과 취업의 문제가 주요한 사회문제로 부각되면서 모든 대학은 재학생들의 취업준비 활성화 및 취업률을 높이기 위한 각종 지원방안과 프로그램을 마련하기 위해 적극적으로 움직이고 있다. 물론 부분적으로 재정이나 인력의 전문성 부족, 취업률 우선주의라는 문제를 안고 있긴 하지만 이전과는 비교할 수 없을 정도로 취업문제가 대학의 주요 정책이 되고 있다. 뿐만 아니라 매년 조사, 발표되는 대학의 취업률은 대학의 명성과 서열을 구분하는 하나의 척도로 자리 잡았다.

대학의 취업지원은 공식적 차원과 비공식적 차원으로 나눌 수 있다. 취업지원센터, 여대생커리어개발센터, 학생상담센터, 취업관련 교과목 개설 등을 통한 지원은 공식적인 차원이고 선후배, 동기 등의 사적인 인적 네트워크를 통한 지원은 비공식적인 차원이다. 대학 취업지원기관은 학내에 위치하고 있어 지리적 접근이 용이하고 학생들이 이용하는 데 시간적 편의성도 확보하고 있다. 뿐만 아니라 여학생들이 사적 네트워크를 통해서 얻는 취업정보에 비해 객관적이고 체계적인 취업정보와 취업지원을 제공받을 수 있다는 장점도 있다.

그럼에도 앞서 5장 패널자료 분석 '취업정보 획득경로'에서 보았듯이 지방대 여학생은 취업정보를 인터넷 등의 매체를 통해서 주로 얻고 대학 취업지원기관 이용에는 다소 소극적인 편이었다. 그 이유가 무엇인지 대학의 취업지원 현황과 문제점을 짚어 보자.

첫째, 맞춤형 취업프로그램과 홍보의 불충분함을 들 수 있다. 물론 이전부터 취업정보실, 학생생활 상담기관, 여대생커리어개발센터,

인력개발원 등의 이름으로 대학취업지원기관은 지방대 여학생의 취업지원에 일정한 역할을 수행해 왔다. 그리고 지방대학에서 본격적으로 학생들의 취업문제에 대해 적극적인 프로그램 개발과 홍보에 주력하기 시작한 것은 1990년대 후반에서 2000년대 초반부터이다.

　　대학에서 학생들에게 제공하는 취업지원 프로그램을 영역별로 정리하면 <표 57>과 같다.

<표 57> 대학의 취업지원 프로그램

영역	세부 프로그램
취업의식(이론) 및 취업상담	① 취업관련 교과목 개설 ▶ 취업과 진로 관련 과목, 여성노동시장의 이해 등 ② 취업캠프, 멘토링: 취업동기 및 직업의식 ③ 진로상담, 적성 및 심리검사
취업실전기술	① 취업준비프로그램 ▶ 이력서 및 자기소개서, 면접클리닉, 프리젠테이션 등 ② 직업(장)체험, 입사전형체험, 인턴십, 현장실습 등 ③ 취업동아리, 취업스터디, 커뮤니티 지원
취업정보	① 취업관련특강, 초청강연 등 ② 취업행사: 기업설명회, Job Festival 등 ③ 취업전산(정보)망, 취업 온라인 프로그램
취업알선	① 채용박람회 개최 ② 학생추천, 구인/구직자 연결

　　위와 같은 프로그램은 취업을 준비하는 여학생들에게 다양하고 풍부한 취업정보와 취업자원을 제공하고 취업에 필요한 실질적인 지식과 기술을 익히는 데 도움을 준다. 그리고 현재 대학의 취업지원은 상당 부분 여학생의 취업준비 어려움을 해소하는 데 유용한 도움을 주고 있다. 그럼에도 여학생들은 취업준비과정에서 적절하면서도 체계적인 취업지원을 받지 못한다거나 학교에서 제공하는 각종 취업관련 프로그램을 충분하게 여기지 않거나 또는 취업지원

의 필요성을 인식하지 못하고 개인적인 차원에서 스스로 취업진로를 결정하고 취업준비를 하는 경우가 많다.

이처럼 대학의 취업지원과 여학생의 취업욕구 사이에는 상호 간에 일정한 간극(gap)이 존재한다. 간극의 원인은 대학에서 개설하는 취업프로그램의 종류와 성격이 지방대 여학생의 취업욕구를 적절히 반영하지 못한다거나 홍보방법이 전통적이거나 관습적이라는 측면이 있다. 정동섭·강인철(2007)은 대기업 인사담당자를 대상으로 한 조사연구에서 지방대학 취업지원팀의 홍보능력이 수도권대학에 비해 턱없이 부족하다는 결과를 내놓았다. 또한 여기에는 대다수 지방대 여학생의 취업진로 분야가 공무원, 교사 등의 공공기관 일자리로 한정되어 있어 취업프로그램의 효용성을 적극적으로 수용할 필요성을 느끼지 못하는 측면이 함께 작용한다.

둘째, 여학생들은 학내 취업기관을 이용했을 때 얻을 수 있는 취업효과에 대해 아직 충분한 신뢰를 축적하지 못하였다. 이런 상황에서 지방대 여학생은 자신의 취업 커리어를 어떻게 발전시켜 나갈 것인지 방향을 제대로 설정하지 못하고 게다가 앞서 언급했듯이 취업준비의 대부분을 스스로의 노력에 의존하는 경우가 많다. 왜냐하면 지방대 여학생은 대학의 취업지원 프로그램이 자신의 취업에 어느 부분에서 어떻게 도움이 되고 어떻게 자신의 것으로 활용해야 할지를 이해하기 시작하였기 때문이다.

> (대학취업지원기관에서) 리더십 프로그램이나 면접 클리닉을 받아 보긴 했지만 그쪽(대학취업지원기관)에서 나에게 (도움이 되는) 직접적인 취업기회를 제공해 줄 거라고 학생들이 기대하지는 않는 것 같아요. 그러니까 자주 안 가게 되죠.　　　　　　　　　　　　　(지방 J대학, 영어영문과 4학년)

그렇다면 이제 대학 취업지원기관이 지방대 여학생의 취업준비에 효과적으로 도움을 주는 프로그램이 개설되고 운영되는지를 살펴봐야 한다. 대학에서 여학생에게 제공하는 취업지원의 형태는 취업안내책자 배포, 취업특강, 여성유망직종의 소개, 취업실전교육, 이미지 메이킹과 면접 클리닉 등의 강좌를 단편적으로 제공하는 경우가 흔하다. 주로 어떻게 하면 취직을 할 수 있는가에 관한 취업정보나 사회진출에 성공한 선배들의 성공담, 분야별 입사면접요령을 교육하는 경우가 대부분이다.

대학 내 취업정보는 대부분 취업부서에서 도맡아 제공하기 때문에 인력, 예산의 제약으로 개인 맞춤식 또는 전공계열 특성을 살린 취업정보 제공이 쉽지 않다.

대학의 취업연계망은 취업지원센터를 중심으로 몇몇 대학을 제외하고는 형식적인 네트워크 회의 등 관례적인 행사로 그치는 경우가 많다. 그리고 취업 네트워크는 학과사무실, 교수, 동문, 기업인사담당자와의 연계를 통해 운영되고 취업률, 프로그램 교육인원(수료인원) 등 눈에 띄는 산술적인 수치에 성과의 초점을 맞추고 있다.

2. 지방대 여학생에 대한 취업지원 대책

지방대 여학생의 취업장벽을 개선하고 취업준비를 돕는 것은 지방대 여학생의 취업문제 해결의 중요한 출발점이 된다.

지금 그리고 앞으로도 대학의 취업지원은 단순히 기업에서 요구하는 여성인력을 찾아 추천하는 데 그치지 말고 나열식의 정보제공이 아닌 단계별 심화(step-up) 프로그램을 보강해야 한다. 즉 취업과 직결되는 구체적이고 실질적인 프로그램 개발과 함께 지방대 여학생들의 취업의식 고취, 전망 있는 직업동향 파악, 노동시장 차별요인에 대한 이해, 여성고용관련 법규의 이해, 생애에 걸친 커리어 계획을 준비할 수 있도록 지원하는 프로그램이 마련되어야 한다.[40]

지방대 여학생은 취업목표를 낮게 설정하고 취업자원을 어떤 방식으로 동원할지 그리고 향후 시간계획을 어떻게 구성해야 할지에 관한 구체적인 취업계획을 세우지 못한 경우가 종종 눈에 띈다.

취업진로의 빠른 결정과 이른 취업준비 시작을 위해서는 심층상담과 개인별 취업지원 맞춤서비스가 필요하다. 그리고 여학생들이 일자리 정보의 부족을 겪지 않도록 취업목표를 실현하기 위한 정보탐색 및 활용능력을 길러야 한다. 수많은 정보 속에서 자신의 전공과 적성을 끼워 맞추기 식으로 정하는 것보다 소속 단과대학이나 학과의 교수, 선배를 통한 취업정보 네트워크를 구축하여 활용하는 것이 보다 효율적인 방법이다(여성부, 2004).

지방대 여대생의 노동시장으로의 원활한 이행을 돕기 위한 인재개발 프로그램과 취업지원 과제를 짚어 보자. 지방대 여학생 취업문제의 해법은 두 가지 쟁점으로 요약된다. 첫째, 취업준비를 통해 인적 자본의 질을 강화하는 것이고 둘째, 대졸 신규 채용시장에 존재하는 제도적, 관행적인 취업장벽을 개선하는 일이다.

---

40) 이를 박선자의 연구(박선자 외, 2000)에서는 생애직업경력설계(life long job career) 프로그램이 필요하다고 기술하고 있다.

1) 취업역량 강화

(1) 멘토링 시스템 확충

오늘날 정부와 많은 대학의 취업지원기관 및 여대생커리어개발센터에서는 여대생의 경력개발과 심리·사회적 지원, 역할모델을 제공하는 멘토링 시스템을 온라인과 오프라인에 구축하고 있다.

앞서 살펴본 바와 같이 지방대 여학생은 자신의 직업선택 범위를 한정하거나 취업목표를 낮추는 방식으로 취업장벽에 적응하고 있다. 지방대 여학생의 특정 직업 위주의 직업탐색과 하위직에 편중된 취업준비의 문제점을 개선하기 위해서는 멘토링[41]이 효과적인 대안이 될 수 있다. 멘토는 지방대 여학생의 취업준비과정에서 개인적 후원자, 역할모델, 코치, 상담자로서 도움을 주는 역할을 담당한다.

고학력 여성의 인적 네트워크 구조는 남성보다 사회적으로 지위가 높지 않은 집단이나 유사 특성을 가진 집단 등에 한정되어 있어 좁고 강한 구조적 특성을 가지고 있다(임선희·전혜영, 2004: 115). 따라서 멘토링은 지방대 여학생의 취업진로를 다양화시켜 줄 뿐 아니라 부족한 인적 네트워크 확장에도 도움을 준다. 그렇기 때문에 역할모델과의 적절한 멘토링은 낮은 취업목표를 현실적인 목표

---

41) 멘토링의 공시적인 효시는 1904년 미국에서 시작된 Big Brothers & Big Sisters 운동에서 비롯되었다. 멘토링은 인력개발 방법의 한 가지로 도움을 주는 멘토가 도움을 필요로 하는 멘티와 일정한 관계를 맺고 장·단기적으로 혹은 정규·비정규적으로 학업, 취업진로 등에 영향을 주는 모든 과정을 말한다. 멘토링의 유형은 멘토와 멘티의 관계방식과 적용범위에 따라 1:1 멘토링, 동료 멘토링, 그룹 멘토링, 면대면(face to face)멘토링, e - 멘토링 등으로 유형화할 수 있다(장원섭, 2002).
위민넷(http://www.women - net.net)에서는 우리나라 최초로 전문직 여성이 사회 진출을 준비하고 있는 여학생들에게 온라인을 통해 취업상담, 취업진로 등의 정보를 교환하는 '사이버 멘토링'을 실시하고 있다.

로 받아들이는 지방대 여학생의 직업선택 유리천장을 깨고 취업진로 협소화의 문제를 개선하는 대안이 될 수 있다.

(2) 수요-욕구 결합형 취업준비과정 개설: 'Job Path' 프로그램

인적 자본의 강화는 대학이 지방대 여학생의 취업준비를 어떻게 체계적으로 지원할 것인가 하는 문제로 귀결되는데 가칭 'Job Path' 프로그램을 대학의 정규 교육과정에 편입시켜 운영하는 방안을 생각할 수 있다. 'Job Path'는 대학이 적극적으로 지방대 여학생의 취업준비를 도와 취업에 필요한 취업스펙을 강화하여 노동시장 이행을 원활하게 하는 '취업준비집중코스'를 말한다(<그림 18> 참조).

'Job Path'의 성격은 여학생의 취업 욕구와 기업이 필요로 하는 인력 특성 및 수요가 매치된 '수요-욕구 결합형' 취업교육과정을 말한다. 여대생의 효율적인 취업지원을 위해서는 첫째, 인력 수요처인 기업이 원하는 여성인력 특성을 파악하고 지역 내 중소기업의 인재선호도 및 여성인력 수요와 지역 여대생 인력 DB와의 매칭이 필요하다.

둘째, 인력수요를 토대로 여학생의 인적 자원 특성 즉 학교급간, 학년(취업준비 시작시기), 전공계열과 취업욕구가 반영된 취업교육과정을 개설한다. 특히 가장 심한 취업난을 겪고 있고 여학생이 집중되어 있으며 게다가 전공 분야로의 취업이 어려운 인문(사회)·교육계열 여대생을 지원하기 위한 취업과정을 마련하여 노동시장 진입장벽을 해소하는 것이 시급하다.

〈그림 18〉 Job Path 모형

1단계	2단계		3단계
	7학기(취업준비집중코스)		8학기
1학기~6학기	- 1학기(6개월) - 15~18학점, 교양/일반선택 인정 - 학생의 선택적 내용편성		채용시즌: 입사지원

'Job Path'의 이수 형태는 '6학기＋Job Path' 방식이 적합하다. 여학생은 6학기를 마치고 7학기를 시작하면서 '취업준비집중코스'를 한 학기(6개월) 동안 이수한다. 여학생은 졸업학점 범위 내에서 교양이나 일반선택과목으로 'Job Path'를 이수하고 대학은 한 학기 학점으로 인정한다. 'Job Path'가 끝나는 시점은 기업의 상반기 또는 하반기 채용시즌과 연결되도록 하여 과정이수의 집중력을 높이고 늦은 취업준비 시작으로 인적 자본 축적이 소홀해지는 취약점을 집중 보완하여 졸업 이전 또는 직후에 취업할 수 있는 가능성을 높인다.

'Job Path'의 내용으로 다음과 같은 '예'가 가능할 것이다. 기업이 대졸 신규인력에게 원하는 취업스펙은 다양하겠지만 대체로 다양한 직무경험(ex. 인턴십, 공모전), 실무능력, 외국어능력 등이 꼽힌다. 따라서 'Job Path'는 '어학코스(12주)＋인턴십(8주)＋여성노동시장이해(4주)'와 같은 내용으로 편성하거나 전공계열별로 특성에 맞는 전공 취업모형을 개발하여 활용한다. 'Job Path'의 과정 편성은 학생의 선택에 따라 필요한 내용을 어느 과정은 길게, 다른 과정은 짧게 맞춤식으로 구성할 수 있게 한다.

이러한 노력은 기업이 채용의 합리성과 공정성을 내세우면서 지방대 여학생이 기업에서 원하는 인적 자본을 갖추고 있지 않기 때문에 선발에서 제외한다는 형식 논리에 대처할 수 있게 한다.

(3) 취업계좌제 운영

여학생의 취업준비와 취업이행 과정에 대한 모니터링 시스템을 도입한다. 대학의 취업정보 및 인력 DB는 대부분 교육수료 후 만족도 조사나 졸업 직후 취업 여부와 취업상태를 파악하는 형태를 띠고 있다.

앞으로는 지금의 취업 DB 구성에 더하여 여대생이 졸업 후 진입하는 직장의 임금, 종사상 지위, 근무기간 등 취업상태의 질적 정보를 보다 세밀하게 축적해야 한다. 뿐만 아니라 소속대학의 취업지원센터가 제공할 수 있는 취업정보의 한계를 극복하기 위해 대학 간 취업정보 공유 네트워크 구성이 필요하다.

이러한 취업 DB 보완과 정보 네트워크를 기반으로 취업계좌제를 운영한다. 취업계좌제는 재학생의 취업준비 현황(취득 자격증, 직업훈련 이수 현황, 학점, 인턴십 참여 등)과 취업 이행과정을 모니터링하여 취업준비 이력을 파악함으로써 지방대 여학생의 취업준비특성과 장단점, 취업 성공에 이르는 경로를 탐색하는 가이드라인이 될 것이다.

2) 취업장벽 개선

(1) 지역 중소기업과 취업연계 컨소시엄 구축

기업이 여학생 채용에 소극적인 이유는 비슷하거나 조금 나은 인적 자원의 질을 유지한다면 남성인력 채용이 기업의 실제적인 생산성에 부합한다는 논리에 따른다고 볼 수 있다. 결혼, 임신과 출산이라는 여성 생애주기 특성과 육아의 1차적 책임과 부담을 여성에게 지우는 우리 사회 문화는 기업의 입장에서 여성인력 채용 시 업무의 단속성에 대한 우려와 함께 여성 생애주기 특성이 불러오는 휴직 등이 업무공백, 비용부담, 업무 집중력의 저하 등으로 이어진다는 이윤감소 논리로 해석됨으로써 여성인력에 대한 채용기피로 이어지는 일면이 있다.

중소기업은 일자리 창출력이 대기업에 비해 크고 지역 기업의 대다수가 중소기업임을 감안한다면 지역의 유망 중소기업의 인력난 해소에 여대생 인력을 활용하는 것은 적절한 선택지이다. 따라서 대학과 지방자치단체는 여대생 취업 활성화를 위한 중소기업 취업연계 네트워크 활성화에 노력을 기울여야 한다. 여대생을 교육하고 취업시키는 것은 개인적 차원에서는 개인의 취업목표를 실현하는 것이고 지역적 차원에서는 지역 경제발전에 기여하는 것이다.

청년여성 인력을 적극적으로 활용하면 기업은 예전에 비해 선택 가능한 인재의 풀이 넓어짐에 따라 기업성과를 향상시킨다거나 지금까지 남성 중심적으로 형성되던 기업문화에 여성의 새로운 시각이 반영되어 보다 혁신적인 문제 해결방법을 찾을 수 있다.

지방대 여학생의 취업장벽 개선을 위해 '지역대학과 중소기업(지역기반산업체) 채용컨소시엄'을 구축한다. 이것은 일종의 협약모형으로 지방대학과 중소기업 간 인력 수요-공급 네트워크 구축은 지방대 여학생의 취업에 활로가 될 수 있다. 지방대 여학생은 특화된 취업준비를 통해 해당 기업이 필요로 하는 전문성을 축적하고 기업은 일정한 고용계약에 의해 지방대 여학생을 채용하는 방식이다. 중소기업이 갖는 일자리 창출력과 지방대 여성인력의 매칭은 여학생 취업의 효과적인 대안이 될 수 있다. 정부나 지방자치단체에서는 중소기업이 적극적으로 지방대 여학생을 고용할 경우 세제해택, 재정지원, 여성고용 우수기업 인증 등의 유인책을 제공해야 한다.

(2) 지역 전략산업과 연계한 여대생 인턴제

현재 일부 지방자치단체에서 실시하고 있는 고학력 경력단절여성(또는 미취업여성) 인턴사업의 외연을 확대하여 '청년여성(여대생) 인턴제'를 도입·확대한다.

오늘날 대학은 여학생의 취업준비 실전과 취업의식 향상에 많은 비중을 두고 취업교육을 실시하고 있다. 그러나 교육을 통해 양성된 인력의 궁극적인 목적은 일자리를 갖는 것이다. 따라서 여대생 취업 유망산업 발굴, 지역 산업클러스터와 연계된 지역 전략산업 취업지원 체계가 마련되어야 한다. 여학생 스스로도 직업을 갖기 위한 적극적인 준비가 필요하지만 지역 전략산업과 연계한 유망직종에 여대생 취업을 활성화하는 대학과 지방자치단체의 정책적 노력 또한 절실하다. 이를 시행할 정책방안으로 청년여성(여대생) 인턴제는 지방대 여학생의 직업세계에 대한 이해를 높이고 양질의 직종에서 여학생 취업을 제고하는 효과가 기대된다.

(3) 대학의 취업관련 연구기능 전문화

대학은 정부의 고학력 청년여성 취업정책과 대졸 신규 채용시장에 대한 연구기능을 강화하는 방향으로 전문화해야 한다. 지방대 여학생의 취업장벽 해소와 취업준비지원, 기업탐색, 청년여성층의 직업전망, 노동시장 이해에 관한 체계적인 연구는 채용의 주도권을

쥔 기업을 설득하고 기업의 인력수요 논리와 선호에 적절히 대응할 수 있게 한다.

대학은 지방대 여학생이 취업자원을 적극적으로 활용하여 체계적이고 충실한 취업준비를 할 수 있도록 돕고 취업장벽 개선 노력을 통해 노동시장에 원활히 진입할 수 있도록 지방대 여학생 취업지원과 관련 연구의 구심점이 되어야 한다.

지방대 여학생의 취업문제를 해결하기 위해서는 이상에서 살펴본 대학의 취업지원 노력과 함께 정부의 정책적 지원이 필요하다.

제9장 정부에서는 어떻게 여대생의 취업을 돕고 있나

정부의 청년여성 취업정책은 그동안 차별금지를 통한 취업장벽 해소와 여학생의 인적 자원개발 및 취업지원을 주요 내용으로 추진되고 있다. 이 장에서는 여성고용관련 법률과 정부의 여대생 취업정책의 주요 내용 및 관련 사업을 살펴본다.

1. 청년여성 인력정책의 성격

오늘날 대학진학률이 80%를 넘어서는 고등교육의 대중화로 20대 초반 여성의 대다수는 대학에 다니고 있다. 그 결과 청년여성 인력의 양성과 활용의 문제는 여대생의 취업문제로 일반화할 수 있게 되었다.

정부는 그동안 노동시장 안팎에서 성차별을 해소하기 위한 노력을 꾸준히 진행해 왔고 지방대 여학생 차별에 대한 관심은 다소 늦은 최근 몇 년 전부터 시작되었다.

여대생들은 취업과정의 차별과 불평등보다는 '취업 자체'가 일차적인 관심사이기 때문에 취업 이후의 차별과 불평등에 대해 관심을 덜 가지는 경향이 있다. 게다가 여대생들은 현실적으로 자신의 취업문제를 정책화하도록 요구해야 할 집단임에도 불구하고 자신들의 취업문제를 정책과제로 촉구하지 못하고 있다. 이처럼 여대생 취업문제는 덜 절박한 사안이라는 인식, 노동시장에 진입한 여성의 차별과 불평등 해소 중심의 여성노동 정책, 여대생 스스로의 정책화 촉구 노력부족에 의해 노동시장 진입 이전에 있는 여대생들은 여성노동 정책의 사각지대에 놓여 있다(주경미, 2000).

그러나 여대생 취업문제는 노동시장 진입 '이전과 이후'가 서로 밀접하게 관련되어 있기 때문에 노동시장 진입 이전에 있는 여학생들은 여성인력 정책의 적극적인 고려대상이 되어야 한다. 뿐만 아니라 지방대 여학생의 취업문제는 단순히 경제회복 또는 경제성장만으로 해결되지 않는 특수성이 있다.

1960년대 경제개발 이후 우리 사회는 급속한 경제의 양적 성장을 이루었고 IMF 경제위기 이전까지는 경기상황이나 고용사정을 나타내는 청년 취업률, 실업률 등의 고용지표도 대체로 양호했다. 그리고 정보화, 서비스산업의 팽창으로 인한 산업과 직업구조의 변화, 청년층을 중심으로 한 여성인력의 고학력화, 여성 취업에 대한 인식 변화, 저출산과 육아기간의 단축 등 여성 생애주기의 변화는 여성인력의 활용을 증가시킬 것이라는 전망을 가능하게 했다. 그럼에도 불구하고 이러한 여성의 노동시장 진출을 둘러싼 여건의 변화 자체가 향후 여성인력 활용의 질적 개선을 보장해 주는 것은 아니다(최지희, 1999).

지식기반산업의 성장, 기술혁신으로 표현되는 산업구조의 변화는 숙련을 갖춘 창의적인 노동력에 대한 수요를 증가시켰지만 노동시장의 불확실성도 커지는 결과를 가져왔다. 물론 기술과 직종의 변화가 노동시장에서 여성인력 수요에 어떤 변화를 가져올 것인가에 대한 논의는 분분하다.

시장개방에 따른 경쟁의 심화와 첨단기술의 발달로 기업은 수익과 효율성을 앞세워 일부 핵심인력만을 1차 노동시장에 유지하고 인력감축을 통해 지속적으로 노동비용을 줄이려 한다. 기업이 비용절감을 위해 최소한의 핵심인력을 제외하고는 고학력 인력 채용을 줄이게 됨에 따라 절대적인 고용량이 줄어드는 상황에서 여성은 더욱 노동시장에서 배제되거나 저임금, 불안전 고용, 단기 노동력화될 가능성이 커진다. 단기적으로 보았을 때 다른 경기적, 제도적 요인이 일정하다면 고용문제는 일종의 제로섬 게임이 될 가능성이 크다.[42]

반면 지식기반 사회로의 이동은 여성에게 우호적인 신호가 될 것이라는 주장도 있다. 지식산업의 발달, 서비스 비중의 확대, 고용형태의 다양화는 여성의 고학력화와 육아 및 가사의 사회화와 맞물리면서 여성인력의 경제활동 참여를 지속적으로 증가시킬 것이라는 전망이다(민무숙, 2003).

그렇지만 향후 노동시장에 대한 서로 상반된 견해에도 불구하고 한 가지 분명한 점은 지식기반 사회에서 고학력 여성 인적 자원은 과거 어느 때보다도 중요시되고 있다. 그럼에도 불구하고 고학력 여성인력에 대한 수요가 청년여성의 고등교육 진학률 증가폭에 비해 그다지 확대되지 않거나 비정규직부문으로 확대되는 것은 여성 노동시장에 경기적 요인 외에 눈에 보이지 않는 차별요인이 함께

---

[42] 일자리 문제는 단기적으로 제로섬 게임의 성격을 띠기 때문에 IMF 이후 고실업 상황에서 남성 생계부양자 이데올로기가 존재하는 한 여성고용문제는 해결하기 어렵다(조순경, 1998).

작용하고 있기 때문이다.

문제는 정부가 대학 졸업생을 하나의 집단으로 묶어 전문대학생 또는 수도권대학생, 지방대 남학생과 지방대 여학생을 동일하게 다루어 왔다는 점이다. 다시 말해 정부는 그동안 지방대 여학생의 차별적인 특성을 구별 짓는 데 소홀했고 취업 취약계층인 지방대 여학생은 정부의 정책적 관심에서 멀리 떨어져 있었다. 한마디로 정부의 여성노동 정책은 '기회의 평등과 조건의 불평등 재생산'으로 명제화할 수 있다(주경미, 2000). 정부는 지금부터라도 지방대 여학생이 채용시장에서 가지는 불리한 지위(위치)와 특성을 구별 짓고 불리함을 보완하는 방향에서 지방대 여학생의 취업지원 정책을 개발하고 확산해야 한다.

정부는 여성의 진출직종 다양화, 일자리의 수준 제고, 고학력 여성이 취업할 수 있는 전문직종 개발을 통해 여성일자리의 확대와 고용의 질 제고를 추구해야 할 과제를 안고 있다(민무숙 외, 2008). 나아가서 지방대 여학생을 위한 취업정책이 한시적인 우대정책으로 그쳐서는 안 된다. 한시적 우대조치는 지금까지 누적돼 온 여학생 또는 지방대 학생에 대한 차별을 단기적으로 완화하고 부분적으로 개선하는 데는 분명 실효성 있는 제도이다. 그러나 한시적 우대조치는 지방대 여학생의 취업문제를 푸는 출발점에 불과한 것으로 단기적인 효과밖에는 기대할 수 없다. 따라서 향후 장기적인 관점에서 지방대 여학생의 취업문제를 해결하는 정책방안은 성주류화적(gender – mainstreaming)[43] 접근이 더욱 활성화되어야 한다.

---

43) 1995년 UN 북경세계여성대회에서 여성정책추진을 위한 행동강령을 통해 처음 도입된 '성주류화'는 우리나라도 여성발전기본법(1995)을 제정함으로써 여성발전 전략으로 성주류화 개념을 채택하였다. 성주류화란 정책결정에 관여하는 행위자들에 의하여 모든 수준, 모든 단계, 모든 정

성주류화는 모든 정치적, 경제적, 사회적 영역의 정책과 프로그램에 대한 디자인, 실행, 모니터와 평가에서 여성과 남성의 관심과 경험을 통합함으로써 여성과 남성이 동등하게 혜택받고 불평등이 조장되지 않도록 하기 위한 전략이다. 따라서 성주류화는 남녀가 사회 각 분야에 충분한 참여와 세력화를 이루기 위한 조직의 재구조화, 인력과 재정자원의 재분배, 제도와 문화의 변화 등 전반적이고 장기적인 변화과정을 의미한다. 이러한 성주류화 전략 실현을 위한 구체적인 방법을 살펴보면 정책기구와 법·제도의 정비, 기금과 인적 자원의 확충, 의사결정과정에 여성참여 확대, 성별통계의 구축, 정책담당자의 성인지력 향상, 정책의 젠더분석, 정책의 모니터링 등을 제시할 수 있다(강남식, 2002).

2. 여성고용 관련 법률

많은 노동 전문가들은 여성인력의 효율적 활용과 중·장기적 국가경쟁력 확보를 위해 청년여성 인력의 적극적인 활용을 강조하고 있다. 또한 여성계에서는 성차별 해소 및 여성의 사회적 지위 향상의 측면에서 지속적으로 청년여성 인력 활용 문제를 제기하면서 원인분석과 더불어 취업을 촉진하기 위한 정책방안들을 제시하고 있다.

여성고용 관련 법률은 여성의 노동시장 채용과 모집에서의 기회균등, 임금 등 근무조건에서의 남녀고용조건 평등, 직·간접적인 차별금지, 적극적 조치, 잠정적 우대조치, 여성고용확대, 청년여성의 인적 자원개발과 활용제고, 취업촉진의 내용을 포함하고 있다

책에 성평등의 시각이 적용될 수 있도록 정책과정을 평가, 개발, 개선, (재)조직하는 것이다.

(<표 58> 참조).

<표 58> 여성고용 차별금지와 취업지원 관련 법률

	법률	조항	주요내용
차별금지	근로기준법('53)	제6조	균등처우: 근로조건 차별금지
	직업안정법('61)	제2조	균등처우: 직업소개·직업지도·고용관계결정 차별금지
	남녀고용평등과 일·가정 양립 지원에 관한 법('87)	제2조1항	간접차별금지
	고용정책기본법('93)	제19조3항	직업능력개발훈련생모집, 훈련실시, 취업지원 차별금지
	여성발전기본법('95)	제6조1항	적극적 조치 〈2003.3.12. 시행〉
		제17조1항	고용평등: 채용·교육훈련·승진 등의 남녀고용평등
		제17조3항	국가·지자체·사업주의 직장 내 평등한 근무환경조성 〈2006.3.30. 시행〉
	여성과학기술인육성및지원에관한법('02)	제24조	여성과학기술인양성·활용방안 마련과 지원시책
		제11조1항	적극적 조치: 채용목표비율·직급별 승진목표비율
	국가인권위원회법('05)	제2조4호 가목	잠정적 우대조치: 평등권차별행위금지 〈2008.1.1. 시행〉
취업능력개발 및 지원	고용정책기본법('93)	제12조	학생 등에 대한 직업지도 - 학생들의 직업선택지원·직업정보제공·직업지도 기회제공 등의 지원
		제17조1항	여성고용촉진지원 - 직업능력개발·향상, 복지시설 확충을 통한 여성 취업기회 확대
		제18조	청소년고용촉진지원 - 고용정보·직업지도·직업훈련기회 등 직업능력 개발과 향상 지원
		제21조1항	고용촉진시설 설치·운영 - 여성, 청소년 등의 고용촉진시설 마련
	고용보험법시행령('95)	제26조1항	신규고용촉진 장려금 지원
	여성과학기술인육성및지원에관한법('02)	제7조1항	이공계 진학 및 진출 촉진
		제8조1항, 2항	이공계대학 등의 여학생비율 적정유지 권고 적정유지 대학에 대한 우대
		제9조1항	이공계 여학생에 대한 지원
	청년실업해소특별법('04)	제7조1항	중소기업체의 청년고용촉진 지원
		제7조2항	청년미취업자 고용촉진, 기업시설 및 환경개선비용 지원
		제7조3항	외국인근로자를 청년미취업자로 대체·추가고용시 중소기업체 채용보조금 또는 비용지원
		제12조1항	해외인턴취업 및 훈련계획에 대한 지원 - 무역전문가 및 해외경영인력 양성, 신기술훈련

주: ( ) 연도는 법률 제정연도.

관련 법률규정은 경제활동에 있어 남녀가 공동으로 참여하고 책임을 분담한다는 사회적 책무와 공적 이념이 노동시장에서 실현되기 위한 최소한의 안전판 구실을 한다.

1980년대 중반 이후 법과 제도적 차원에서 여성의 불평등한 경제적 지위를 해소하기 위한 정부의 노력들이 지속적으로 이어져왔다. 그동안 수차례 법령 개정을 통해 채용과 모집단계에서 남녀를 구분하여 선발하거나 임금, 배치, 승진 등의 노동조건에서 남녀간에 직접적이고, 명시적인 형태의 성차별은 점차 개선되어 왔다.

여성고용 관련 지표는 남녀고용평등지표, 가족친화지수, 여성친화지수가 있다(<표 59> 참조). 남녀고용평등지표는 기업 내 여성인력의 문제를 고용평등과 모성보호 차원에서 접근하고 가족친화지수는[44] 일과 가정의 양립을 위한 제도적 접근이다. 여성친화지수는 고용평등, 일과 가정의 양립에 더하여 여성인재육성, 여성친화적 조직문화를 그 내용으로 담고 있다. 여성친화적 기업환경은 제도의 도입만으로는 실현될 수 없으며 제도와 관행의 격차를 줄이고 아울러 여성인재육성에 대한 장기적인 전략이 수반되어야 한다(양인숙 외, 2008).

---

44) 가족친화지수는 탄력적 근무제도, 자녀양육 및 교육지원제도, 부양가족 지원제도, 근로자 지원제도, 가족친화 문화조성, 가족친화정책 실행의 효과 및 문제점에 대한 지표로 구성되어 있다.

〈표 59〉 여성고용 관련 지표

구분	접근방식	목표	관련 법률
남녀고용평등지표	기업내부 노동시장의 고용평등	여성고용촉진	남녀고용평등과 일·가정 양립지원에 관한 법률
가족친화지수	가족친화제도	가족친화적 직장환경조성	가족친화 사회환경의 조성촉진에 관한 법률
여성친화지수	기업성과와의 연계	기업의 인식개선과 여성친화적 조직문화 창출	-

자료: 양인숙·강민정·장은미. 2008. "여성친화지수 개발 및 적용방안". 「여성친화기업 확산을 위한 정책토론회 자료집」. 한국여성정책연구원: 16.

현재 청년 채용시장 안에서 성별과 출신대학에 대한 차별적인 선호는 법과 제도에 따른 것이라기보다는 채용 혹은 선발과정의 구조와 역학에 기인한 것이다. 그리고 지원과정상 차별과 관련된 근본적인 쟁점은 동등한 자격을 갖춘 지원자들이 귀속지위, 사회적 및 신체적 특성 등으로 인해 불리한 위치에 놓이게 되는지 여부이다(유홍준, 2000).

오늘날 고용차별에 대응할 수 있는 법적, 제도적 자원은 마련되었지만 실제로 채용현장에서 여성 또는 지방대 출신자에 대한 묵시적인 차별은 다양한 형태로 광범위하게 존재한다. 입사지원서에 개인적인 사항을 대부분 기록하도록 하고 있어 채용과정에서 여성이나 지방대생이 배제되어 차별을 낳게 되는 간접차별(indirect discrimination)의 요소는 아직 남아 있다(장하진 외, 2000). 즉 예전과 같이 가시적이고 직접적인 차별은 상당히 줄어들었지만 차별의 형태가 '간접차별, 의도성을 배제한 체계적 차별'(손승영·조정아, 1993)의 형태로 변화되었다.

간접차별은 차별금지 규정에도 불구하고 대부분의 사회에서 전통적으로 지속되어 온 성차별적 관습과 관행이 노동시장에서 여성의 지위에 불리한 영향을 줄 수 있다는 점을 인식하게 되면서 적극적으로 고려되기 시작하였다. 간접차별이란 사용자의 동기나 의도를 중심으로 차별을 판단하는 관점에서 고용 행위의 '결과(effect)'까지 확대하여 차별의 문제를 판단한다(강이수·신경아, 2000: 112~114).

그렇기 때문에 정부의 법률적 규제만으로는 기업이 지방대 여학생 채용에 적극적으로 나서도록 만드는 데 한계가 있다. 왜냐하면 기업의 경영 성과 혹은 생산성 논리가 채용시장 안에 견고하게 형성되어 있고 기업의 직원채용 및 모집과 관련된 정부의 차별개선 제도가 주로 직원모집 광고를 중심으로 위법 여부 등을 판단해 왔기 때문에 채용과정 속에서 일어나는 여성 또는 지방대 차별과 같이 대외적으로 명확하게 드러나지 않는 다양한 차별의 형태를 개선하는 데는 법률의 실효성이 충분하지 않다.

정부는 여성고용확대와 여성에 대한 직·간접적 차별을 개선하기 위해 공기업과 500인 이상 기업을 대상으로 매년 5월 31일까지 직종, 직급별 남녀근로자현황을 노동부에 보고하도록 하고 개선조치 내용에 따라 여성고용률이 저조한 기업은 여성고용목표 및 여성고용 확대를 위한 계획을 수립하여 시행하도록 하는 적극적 고용개선조치를 도입하였다.

그렇지만 기업은 채용과정에서 여대생이나 지방대 출신자에 대한 전통적인 성역할관과 학벌 및 서열화에 따른 통계적 차별에 기초하여 지방대 여학생 채용과 활용을 위한 적극적 고용개선조치[45)]

---

45) 적극적 고용개선조치(Affirmative Action)는 현존하는 남녀 간의 고용차별을 해소하거나 고용평등을 촉진하기 위하여 잠정적으로 특정 성(性)을 우대하는 조치를 말한다(남녀고용평등과 일·가정 양립지원에 관한 법 제2조 3항). 적극적 조치는 성중립적 고용평등 정책을 보완하고 여성을 포함한 소수 집단의 실질적인 평등을 실현하기 위해 오랫동안 누적되어 온 여성들에 대한 차별을 시정하기 위해서는 잠정적으로라도 의도적인 차별개선 효과를 낼 수 있는 조치가 필요하다는 것이며 대표적인 정책 형태는 할당제, 채용목표제 등이다(강이수·신경아, 2000).

에 미온적이다.

이러한 상황 속에서 노동시장 내 차별은 그 과정이나 방법을 대부분 파악하기 어렵고 구체적으로 입증하기 매우 곤란하기 때문에 경제활동 참여에서 실질적 평등이 담보되지 못하는 결과를 낳곤 한다.

결국 법적 규제는 점차 차별을 개선하는 방향으로 나아가고 있지만 여전히 여성 혹은 지방대 출신자에 대한 차별적인 고용관행과 사회적 편견에 의해 만들어지는 잘 드러나지 않는 미묘한 차별은 청년 채용시장에서 재생산되고 있다.

결국 우리가 지향하는 것은 노동시장 진입에 있어 남학생과 여학생, 지방대 학생과 수도권대학생 간에 동일한 기준이 적용되어야 한다는 것이다. 그러기 위해서는 채용단계에서 형식적인 기회의 평등이 개선되어야 하고 임금격차, 취업직종과 같은 노동조건의 결과적 평등이 함께 모색되어야 한다.

3. 여대생 취업지원정책

2000년대 들어서 여성계나 정부, 대학은 청년여성의 경제활동 참여 증대와 고용의 질 제고에 정책적 관심을 두게 되었다. 청년여성 취업정책의 방향은 여대생의 직업탐색과 노동시장의 원활한 이행을 어떤 방식으로 지원할 것인가에 관한 문제로 귀결된다.

정부의 여대생 취업지원 정책은 여성부, 교육과학기술부, 노동부를 중심으로 추진되고 있고 대학이 정책 수행의 실질적인 역할을

담당하고 있다. 정부의 여성일자리 창출 및 취업 정책은 「여성인력
개발종합계획(Dynamic Women Korea 2010)」을 주축으로 '여성경
제활동 참가율 55% 달성', '여성일자리 60만개 확대'라는 목표 아
래 5대 부문 15개 중점과제(세부과제 140개)가 제시되었다.「여성인
력개발종합계획」중 여대생 취업정책과 직·간접적으로 관련이 있는
내용을 정리하면 <표 60>과 같다.

<표 60> 정부의 청년여성 관련 취업정책

정책영역	중점과제
다양한 여성일자리의 전략적 확대	○국가전략·지역특성화 분야 일자리 확대 　-지역사회 맞춤형 취업지원사업 확대(여성부) ○공공부문 및 대기업으로의 여성진출 지원 　-적극적 고용개선 조치 도입 ○중소기업 분야의 여성일자리 확대 　-지역별 중소기업 여성인력수요 DB구축 　-지역 내 중소기업 인재선호도 조사
여성능력개발 및 고용기회 확대	○여성 청년층 진로지도 강화 　-여대생의 직업·진로지도 강화 　＊Gender career development 프로그램, 정규교과과정 개설, 이공계 　　분야 여성 CTO, CEO의 공학교육지원 실시 　-직업·진로지도 체계 확충 　＊사이버 직업·진로지도, 직업정보 및 직업상담, Job cafe 설치
여성인력개발 인프라 확충	○고급여성인력 개발 인프라 강화 　-여대생커리어개발센터 확대 및 기능강화 　-여성과학기술인 지원인프라 확대 　＊WISE 센터, 취업정보시스템 ○취업연계시스템 구축 　-정보망 구축, 취업연계 기능강화

정책영역	중점과제
정책추진 체계 정비	○지역 여성 HRD 혁신 지원 – 지자체 여성인적자원개발지표 마련 및 점검 – 지역 여성인력개발을 위한 역량강화 * 지역 여성 HRD 협의체 설치·운영 〈지방의 역할〉 – 지역 여성인력 수요조사 – 지역 여성 HRD 계획수립 – 여성친화적 인력개발사업 실시 – 지역 협의체 구성 및 운영 – 직업기관 종사자 전문성 향상 – 사업수행 및 평가를 실시

주: '직장과 가정 양립기반 조성' 정책영역은 여대생 관련 내용 없음.
자료: 여성부. 「제2차 여성인력개발종합계획」 중 여성인력개발 부분.

정부의 여대생 취업정책은 학교 – 노동시장 간 이행 지원을 목표로 주요 내용은 여대생의 '진로 및 커리어개발'과 '취업경쟁력 강화'로 요약할 수 있다. 여학생의 편중된 진로선택을 개선하여 다양한 직업 분야로의 진출을 꾀하고 직업의식 및 취업역량을 강화하여 여대생들에게 맞는 전문직종 개발, 비전통 분야 진출, 지역사회 맞춤형 취업지원이 핵심 내용이다.

정부의 고학력 여성인력개발 및 활용정책은 중·장기적이며 근본적인 대책을 함께 마련하면서 현재 부처별로 산재한 정책을 취합한 수준으로 국가 차원의 여성인재육성 정책의 범위 및 목표가 불분명하고 중복되는 경우가 많다. 이는 여대생의 취업문제에 대한 정부 관련 기관의 협력체계 및 네트워크 구축이 아직 성숙하지 않은 때문으로 해석된다.

정책의 구체적인 내용을 살펴보면 여대생커리어개발센터 확대, 지방자치단체와 매칭 펀드로 중앙 – 지역 공동 여성일자리 창출사업 추진, 지역사회 맞춤형 취업지원사업 확대, 양성평등채용목표제의 지속추진, 중소기업 분야 여성 일자리 확대, 여대생 직업·진로 지도 강화 프로그램(Gender Career Development Program), 차세대 여성 과학기술인 육성프로그램(WISE 센터), 여성공학 기술인력 양성사업(WATCH21), 여성공학교육 선도대학 지원사업(WIE사업), 직업·진로 지도체계 확충(사이버 직업·진로지도 활성화, 직업정보 및 직업상담 제공, Job cafe 설치·운영), 여성전문 취업지원 인프라 확충, 지역별 여성 일자리 지원기구 구성·운영, 온라인 여성 취업 정보망 구축(여성 Work－net 구축, Women－net의 직업관련 기능강화)을 통한 취업지원 서비스 강화를 내용으로 담고 있다.

하지만 가장 심한 취업난을 겪고 있고 게다가 전공 분야로의 취업 자체가 어려운 순수 기초학문 분야인 인문·사회 및 자연계열 여학생을 지원하기 위한 실질적 지원프로그램이 빠져 있는 것은 문제점으로 지적된다.

정부의 청년여성 취업능력 개발 및 취업지원 정책에서 지방대 여학생들에 대한 정책적 지원, 예를 들어 여대생커리어개발센터, 지역사회 맞춤형 취업지원사업이나 지역별 산업클러스터와 연계한 여대생 집중 취업관리, 지역사회 여성전략사업의 발굴과 같은 취업정책은 일정한 성과를 생산하고 있다. 하지만 지금까지 정부가 청년 취업준비생들을 하나의 동질적 집단으로 전제한 상태에서 취업지원 정책을 마련하다 보니 집단별 특성이 취업정책에 제대로 반영되지 못한 것 또한 현실이다.

다음에서는 '지방대학 채용차별 보완대책'을 중심으로 지방대 여학생이 노동시장 진입단계에서 지방대라는 채용장벽을 완화하고 상쇄시킬 수 있는 대책을 살펴본다.

정부혁신지방분권위원회에서는 지방대생들의 취업을 지원하고 차별을 개선하기 위한 제도 도입의 필요성을 다음과 같이 설명하고 있다.

지방대 학생의 취업문제는 지역인재를 유휴인력으로 방치하는 결과를 초래하며 나아가 지방의 공동화를 초래하게 될 것이다(안관영, 2006). 따라서 지방대생의 취업문제를 해결하기 위해서 장기적으로 지방대학을 육성하기 위한 다양한 대책의 마련과 함께 단기적으로는 지방대 졸업생들에 대한 지역인재채용목표제, 지역인재추천채용제, 지역구분모집제, 지역인재할당제 등과 같이 차별을 보완할 수 있는 제도적 장치가 필요하다.[46]

---

46) ① 지방인재채용목표제: 지방인재를 널리 채용하고 지방대학 활성화 차원에서 실시하는 제도로 행정, 외무고시 등 5급고시 합격자 중 지방 출신이 20%에 미달할 경우 그 비율만큼 지방대학 출신자를 추가 합격시킨다. 2007년부터 2011년까지 5년 동안 한시적으로 실시되며(정부혁신지방분권위원회: 2004년 2월 5일 발표), 추가합격상한비율은 5%로 제한하고 커트라인의 −1점(1차시험은 −2점) 내에서만 추가합격자로 선발한다. 2007년 처음 실시된 지역인재채용목표제에 따라 2007년 행정고시 일반행정직(전국모집)에서 여성 2명이 추가로 합격했다(중앙인사위원회 홈페이지 http://www.csc.go.kr).
② 지역인재추천채용제: 지방대학 출신의 공직진출 기회를 확대한다는 취지로 정부 최초의 인턴제 채용방식이다. 중앙인사위원회에서는 학과성적 상위 5% 이내, 토익 775점 이상 등 우수 학생을 대학 총장 등의 추천을 받아 공직적격성평가(PSAT), 구술시험 등을 통해 선발한 뒤 견습기간(3년)을 거쳐 직무평가 및 심층 면접을 통해 6급 공무원으로 임용하는 제도이다(2005년부터 실시).
③ 지역구분모집제: 국가직 공무원 9급과 5급 시험은 지역구분모집제가 적용된다. 9급은 당해 시험연도 1월 1일 전후로 하여 응시지역에 3개월간 주소지가 등록되어 있는 사람에 한하여 지역구분모집제로 접수할 수 있다. 5급은 해당 지역에 주소지를 둔 적이 있는 기간을 합쳐

지방대 학생들에 대한 채용차별 보완책은 수도권대학생들에 대한 역차별이라는 반론이 있을 수 있다. 그러나 기업의 채용 메커니즘과 지방대 출신이라는 집단적 특성에 기초한 통계적 차별은 지방대 학생 개개인에게 책임을 물을 수 없는 부분이다. 그것은 지방대 학생들에 대한 잠정적인 우대조치[47]로 실질적인 채용기회 확대와 채용결과의 평등을 위한 조치이다. 정부는 공공부문에서의 고용할당제를 민간 기업으로 확대하기 위해서 실시 기업에 대한 금융혜택, 조세감면, 특별자금 지원 등의 우대조치가 뒤따라야 한다(안관영, 2006).

지방대학은 수도권 중심의 불균형한 발전구조를 변화시킬 수 있는 우수한 인재를 제공하는 원천이다. 따라서 지방대학의 인적 자원 현황과 노동시장 성과에 대한 분석을 바탕으로 지방대학 특성에 맞는 정책을 준비해야 한다.

그렇다면 청년여성의 취업능력 개발 및 취업지원을 위한 정책 추진에서 염두에 두어야 할 사항은 무엇인가. 첫째, 정부와 지역단위가 유기적이고 통합적인 연계체계를 구성하고 유지해야 한다. 노동부, 교육과학기술부, 여성부, 지방자치단체 간의 유기적이고 협력

서 1년 이상인 곳 또는 부모와 지원자의 등록기준지, 출신학교가 응시지역 제한에 해당된다. ④ 지역인재할당제: 1998년 2월 14일 임시국회에 여야 국회의원 45명이 제출한 국가인재의 지역 간 균등등용촉진법안의 내용으로 국가가 주관하는 9개 국가고시(사법시험, 군법무관시험, 행정고시, 외무고시, 기술고시, 입법고시, 법원행정고시, 공인회계사시험, 변리사시험)의 합격자를 인구비례에 의하여 10개 권역(서울, 부산·울산·경남, 대구·경북, 인천·경기, 광주·전남, 대전·충남, 강원, 충북, 전북, 제주)에 할당한다(조홍석, 2006: 96). 한국방송공사(KBS)에서는 2004년부터 지역인재할당제를 도입하였고 공기업 및 일반기업에서도 실시되고 있다.

47) 잠정적 우대조치는 종래 차별을 받아 온 일정 집단에 대해서 단순히 현재 법의 평등한 보호만으로는 실질적 평등의 실현이 이루어지지 않는다는 점에서 과거의 불이익한 지위를 보상해줌으로써 실질적으로 평등한 지위를 보장하려는 정책이다.

적인 파트너십이 필요하다. 왜냐하면, 지방대 여학생의 취업문제는 노동시장 대책 혹은 교육정책이나 여성고용정책 각각으로 해결하기 어려운 특수성이 있기 때문이다. 둘째, 모성보호의 확대와 제반 비용의 사회부담화, 보육시설의 확대, 가정과 직장을 양립할 수 있는 지원조치가 병행되어야 한다. 셋째, 청년여성 인력정책은 노동시장의 인력수요뿐만 아니라 남녀 평등한 채용 및 취업구조를 확립하는 방향으로 나가야 한다. 따라서 노동시장의 인력수요가 대학정원 정책에 신축적으로 반영될 수 있도록 청년여성 인력개발정책을 총괄할 추진시스템이 필요하다(여성부, 2006).

4. 여대생 취업지원사업

정부의 여대생 취업지원사업은 여성부의 ① 여대생커리어개발센터, ② 지역사회 맞춤형 청년여성 등 취업지원, ③ 교육과학기술부의 차세대여성과학기술인 육성프로그램을 중심으로 살펴본다.[48]

---

48) 이 책에서 중점적으로 다룰 사업은 총 3가지로, 오프라인상에 정책 추진기관이 존재하는 여대생커리어개발센터, 지역사회맞춤형사업, WISE 센터이다. 이 외에도 정부의 여학생 과학기술분야 인력양성사업은 다음과 같다.
① 여성공학기술인력양성사업(WATCH21): 대학원생 - 학부생 - 여고생 - 교수 - 교사 - 산업체 여성인력 간 팀을 구성하여 연구과제를 수행함으로써 리더십, 멘토링, 사회성, 조직적응력과 같은 다각적 교육효과를 창출하고 여고생의 이공계 진출을 촉진함.
② 여성과학기술인지원센터(WIST): 여성과학기술인을 위한 정책개발, 조사연구, 관련 프로그램을 수행하는 전담기관을 설치·운영함으로써 여성의 과학기술 분야 진출을 촉진함.
③ 여학생 공학교육 선도대학 지원사업(WIE): 성인지적 관점을 도입한 공학교육의 개선, 수요자 중심의 교육과정 및 프로그램 운영, 사업단별로 특성화된 우수사례 구축·운영을 통한 여성 친화적인 공학환경을 조성함.
(자료: 국가과학기술위원회. 2009. '기초연구진흥종합계획(2008~2012)'.
〈http://www.mest.go.kr〉)

1) 여대생커리어개발센터

여대생커리어개발센터는 여대생의 낮은 성취감, 하향취업, 눈높이 조정과 같은 취업준비 어려움을 해결하고 여대생들에게 체계적인 진로지도와 경력개발, 취업지원을 통해 고학력 여성 인적 자원 활용도를 높이고 직업세계로의 원활한 이행을 목적으로 한다.

여대생커리어개발센터는 여학생들이 재학 중에 ① 직업의식 향상, ② 진로개발 및 취업목표 설정, ③ 직업능력개발, ④ 취업까지의 과정을 지원하여 취업경쟁력을 높이고 여대생의 좋은 일자리 취업지원 기능을 담당한다.

신선미(2005)는 여대생커리어개발센터의 설치목적을 다음과 같이 정의하였다.

첫째, 여대생의 커리어개발 기초능력을 키운다.

둘째, 여대생의 직업역량을 강화한다.

셋째, 지역특성에 맞는 여성인력을 양성하고 이를 위한 산학협력 체계를 구축한다.

넷째, 여대생의 취업률과 취업의 질을 높인다.

여성부는 2009년부터 여대생 특화진로개발 기능을 강화하고 직업의식 및 실용적 직무능력 향상을 통한 여대생의 직업역량 제고를 위해 여대생커리어개발 '전문모델'을 운영하고 있다(<표 61> 참조). 전문모델은 지역 전략산업의 새로운 직종 개발 및 직업훈련 강화를 위한 노력이 병행되고 있다(여성부 홈페이지).

〈표 61〉 여대생커리어개발 전문모델 프로그램

구분	프로그램	주요내용
재학생	직업준비에 관련된 젠더의식 강화 프로그램	- 직업세계 관련 젠더의식 고취 - 바람직한 여성 직업인의 역할 습득 - 직업의식(책임감, 도전의식 등) 고취

	여대생의 직업 훈련 및 직무 능력 향상프로그램	- 대졸 여성들에게 요구되는 일반적인 직무능력 훈련
		- 민간기업 진출 및 창업을 위한 맞춤형 직업훈련
		  예)·지역사회 유망 중소기업
		     ·여성 친화적 기업과 협력하여 신규 대졸 여성 신입사원 예비교육프로그램 운영 등

	여대생 개인별 커리어개발 관리 프로그램	- 웹 베이스 프로그램을 통해 센터 이용자 일부 혹은 전원의 상황을 모니터링 및 성과관리 - 개인별 진로개발, 학업설계, 경력관리 등 커리어개발 코칭
졸업생 및 지역사회 미취업 고학력여성	지역사회 맞춤형 취업지원	- 지역 전략산업의 새로운 직종 발굴 및 직업훈련 등을 통한 맞춤형 일자리 지원

주: 1) 여대생커리어개발 전문모델은 재학생 부문과 졸업생 및 지역사회 미취업 고학력 여성 두 부분임.
    2) 졸업생 및 지역사회 미취업 고학력여성 부문은 '지역사회 맞춤형 취업지원사업'으로 시행되고 있으며, 지역 전략산업의 새로운 직종발굴 및 직업훈련 등을 통한 맞춤형 일자리 지원이 주된 내용임.
자료: 여성부 홈페이지. 〈http://www.moge.go.kr〉.

여대생커리어개발센터의 궁극적 목적은 여학생의 원활한 노동시장 이행에 있다. 따라서 센터에서 운영하는 프로그램은 여대생의 커리어를 위한 적극적 조치의 성격을 갖는다. 센터 프로그램의 차별화 방안은 학내외 유관기관의 활용과 협력 및 프로그램의 중복을 피하고 여대생의 특성을 살린 프로그램 개발에 중점을 두는 것이다(<표 62> 참조).

<표 62> 여대생커리어개발센터 프로그램의 차별화 방안

영역	프로그램	차별화방안	학내외 유관기관
자기 이해	심리검사	- 상담센터와 동일검사 지양 - 여대생들에게 부족한 자기이해능력 강화에 도움이 되는 검사 실시 · 성역할의식 검사 · 진로개발 준비도 검사 · 이공계 전공적합도 검사 · 주요능력 효능감 검사 · 직업가치관 검사 - 결과 피드백을 통한 커리어 개발지도	- 학생상담센터가 적성검사, 성격검사 등 실시 (협력 필요)
	커리어상담과 능력진단	- 여대생커리어개발 컨설팅 및 능력진단 - 여학생의 진로의사결정 효능감 증진	- 학생상담센터의 진로상담 전문성 낮음 - 취업지원센터는 주로 직업 정보 상담
직업 이해	직업정보 제공 및 상담	- 취업지원센터의 기능보완 (여대생을 위한 정보제공/정보상담)	- 취업지원센터가 주된 기능 담당(협력 필요)
	멘토링	- 전공 분야별, 희망직종별 전문화 - 멘토의 전문성과 다양성 강화 - on-line/off-line 다양한 방법 - 커리어개발 노하우 전달/직업의식 고취	- 대학 외 사이버 멘토링
	직업탐색 워크숍	- 여대생 간 직업탐색 경험 공유, 우수사례 발표, 커리어개발 경험 확산	- 대학 외 노동부 CAP
	전문가 간담회	- 여성 커리어개발 우수사례 소개 - 직업세계 적응과 커리어개발 노하우 전달 및 직업의식 고취	- 취업지원센터 주최 초청인 사강연 (여학생 수요에 부적합)
진로 결정	정규교과 개발/운영	- 체계적인 커리어개발 교육실시 - 여성 경제활동과 고용에 대한 이해 - 직업의식 및 직업관 함양	- 체계적 프로그램 부재 (취업센터가 외부기관에 의뢰, 특강 위주 운영)
진로 결징	직업계획서 직싱	- 여학생의 커리어개발 생활화 촉진 (센터 프로그램 참기시 제츌)	- 없음
능력 개발	전공별 직종별 소모임	- 여학생들이 프로젝트 기획·추진 (기획력, 리더십, 문제해결력 훈련 동시에 이루어짐, 센터 전문연구원의 지도) - 여학생의 커리어개발 네트워크 형성	- 동아리활동 (여학생의 리더십 발휘 기회 적음/집단지도기능 적음)
	맞춤형 취업지원 프로그램	- 지역 여성인력 수요 충족을 위한 전문적 직업 훈련 - 지역균형발전에 따른 새 일자리에 여성 진출을 위한 프로그램	- 기업체, 지방자치단체, 학교, 기타 공공기관, NGO와 연계개발

영역	프로그램	차별화방안	학내외 유관기관

현장
경험
	인턴십	- 여대생을 위한 인턴십 프로그램 개발 및 운영
		- 대학 외에서 제공되는 인턴십 프로그램 여학
		  생 공동참여
			- 취업지원센터가 노동부,
			  기업체 인턴십 참여관리
			  (협력 필요)
			- 여학생 기회 불충분
			  (기업체 기피)

	봉사활동	- 여학생들에게 부족한 현장경험 보충
		  (기획력, 리더십, 문제해결력 훈련)
			- 동아리활동 등
			  (여학생의 리더십 발휘 기
			  회 적음)

취업 실전	취업스킬	- 여학생들에게 특성화된 교육으로 제한	- 취업센터가 주된 기능 담당 (협력 필요)

자료: 여성부. 2008. 여대생커리어개발센터 활동백서: 58~59.

여성부는 2003년 여성발전기금의 지원을 받아 전국 5개 대학교
(한양대학교, 아주대학교, 충남대학교, 신라대학교, 전북대학교)에 여
대생커리어개발센터를 설립·운영하기 시작하였다. 2006년부터는 지
원 대학을 12개로, 2009년에는 20개 대학으로 확대하였다.[49] 전국
4년제 대학 177개교(분교수 11개 제외) 중 설치비율은 11.3%이다.
여대생커리어개발센터가 전문대학이 아니라 4년제 일반대학을 중심
으로 설치된 것은 대졸 수준에서 배출되는 여성인력의 규모가 큰
데 비해 활용이 가장 미흡하기 때문이다.

---

49) 여성부 지원 여대생커리어개발센터 이외에도 대학에 따라 여대생커리어개발지원기구가 자체
    예산으로 신설되는 등 여대생의 커리어개발 사업이 확대되고 있다.

〈표 63〉 여성부 지원 여대생커리어개발센터 현황

연도 ＼ 권역	서울·경기	충청·강원	경상	전라·제주	지원 개소수
2003~2005	아주대, 한양대	충남대	신라대	전북대	5
2006	경기대, 아주대, 연세대, 한양대	상지대, 충남대	경북대, 동의대, 신라대, 영남대	원광대, 전주대	12
2007	경기대, 아주대, 중앙대, 한양대	상지대	계명대, 동의대, 신라대, 영남대	순천대, 전북대, 전주대	12
2008	경기대, 아주대, 중앙대	상지대, 충남대	경북대, 동아대, 동의대, 신라대	순천대, 전주대, 원광대	12
2009	경기대, 동국대, 아주대, 중앙대	상지대, 충북대 충남대	경북대, 경성대, 동서대, 동아대, 동의대, 신라대, 영남대, 부산외대	광주대, 목포대, 순천대, 원광대, 전북대	20

주: 여성부 지원 여대생커리어개발센터 선정은 매년 공모를 통한 공개경쟁을 통해 선정함.
자료: 여성부 홈페이지 〈http://www.moge.go.kr〉.

센터의 국비지원 규모는 지원 개소수 증가와 함께 투자액을 증감시켰고[50] 대학의 매칭펀드 비율은 매년 5~10% 범위에서 점차 늘려 60%에 이른다. 이러한 예산 지원방식은 장기적으로 향후 국비 지원 없이도 대학 자체적으로 센터를 운영하는 자생 모델 형성을 염두에 둔 것이다. 이용자 수는 2003년 5개 대학 10,207명에서 2008년 20개 대학 53,133명으로 지난 5년간 이용자가 5배가량 늘어나는 양적 성장을 보였다(<표 64> 참조).

〈표 64〉 사업실적

구분	2003	2004	2005	2006	2007	2008	2009
지원 개소수	5	5	5	12	12	12	20
예산액	4억	4억	4억	10억	9억 5천	9억 5천	8억 5천

---

50) 2009년 국비지원액은 8억 5천만원으로 2008년 대비 1억원 감소하였고 사업비는 20개 센터에 4천만원씩 균등 배분하였다(공통사업비: 5천5백만원). 여성부는 향후 자생모델을 염두에 두고 국비 지원액을 감소할 계획을 가지고 있다.

구분	2003	2004	2005	2006	2007	2008	2009
매칭펀드 비율(대학)	–	–	–	40%	45%	55%	60%
취업자 수	–	–	–	864	1,446	1,271	–
이용자 수	10,207	15,656	14,650	40,951	44,659	53,133	–

주: 1) 2009년 이용자 수 및 취업자 수는 사업 종료 후 집계됨.
　　2) '03 – '05년 여대생커리어개발센터 시범사업 기간 중에는 커리어개발에 중점을 두고 취업프로그램을 운영하지
　　　 않아 취업자 수 산정이 어려움.
자료: 여성부. 〈http://www.moge.go.kr〉.

그동안 여대생커리어개발센터가 수행한 프로그램은 2003년 84종, 2004년 100종, 2005년 108종, 2006년 300종, 2007년 272종, 2008년 297종을 운영하여 센터당 연간 평균 20~25종 정도의 프로그램을 수행하였고 총 여학생수 대비 참가율은 2003년 34.4%에서 2008년 74.0%로 2배 이상 증가하였다(<그림 19> 참조).

<그림 19> 여대생커리어개발센터 참가율 및 프로그램 수

(단위: %, 개)

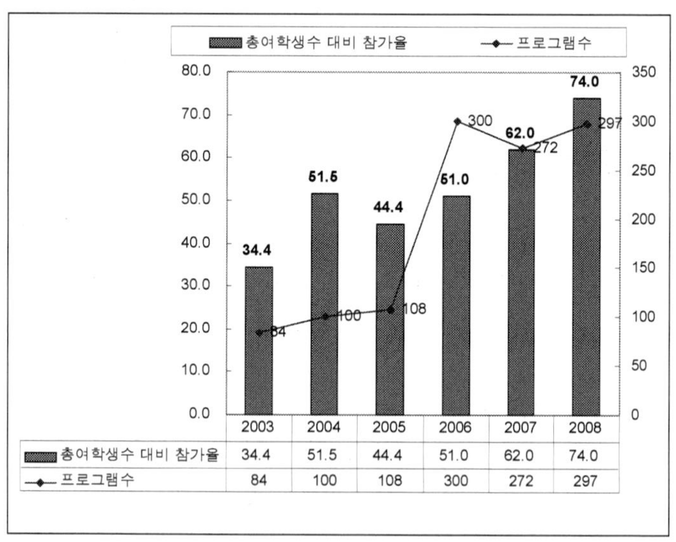

	2003	2004	2005	2006	2007	2008
총여학생수 대비 참가율	34.4	51.5	44.4	51.0	62.0	74.0
프로그램수	84	100	108	300	272	297

여대생커리어개발센터는 매년 이용자 수 및 참가율이 증가하고 있고 운영 프로그램의 종류 또한 다양해지고 있다. 이제는 이러한 양적 성장이 질적 내실화와 병행되는지, 프로그램의 다양화가 곧 지역의 실정을 반영하면서 동시에 지역 여학생들의 인력특성과 취업실태를 반영한 프로그램 개설로 이어지는지를 점검해야 할 단계이다. 따라서 지역과 대학의 실정이 고려되지 않거나 타 지역 센터와 구별되지 않는 유사한 프로그램이 개설되는지 여부가 더욱 중요하게 다루어져야 한다.

2) 지역사회 맞춤형 취업지원사업

지역사회맞춤형 청년여성 등 취업지원사업(이하, 지역사회 맞춤형 사업)[51]은 각 지역의 특화산업 및 유망직종에 대한 직업교육을 제공한 후 지역 산업체로의 취업을 연계하는 고학력 청년여성 취업지원 프로그램이다. 본 사업은 고학력 여성 청년층의 직업능력 강화 및 취업지원을 통해 경제활동 참가율을 제고하고 지역 노동수요와 공급의 일치를 통한 청년 실업 완화와 여성 인재개발 및 활용을 통한 지역균형발전 추구를 목적으로 한다(여성부 홈페이지).

지역사회 맞춤형사업은 대학특화과정 78개 과정(장애인 과정 2개 포함)과 유망직종과정 9개 과정으로 총 87개 직업교육훈련 과정을 운영하고 있다. 87개 과정 중 여대생을 대상으로 한 대학특화과정은 48개 대학 76개 과정이다.

---

51) 2003년부터 실시된 사업으로 고학력 미취업 청년여성 취업률제고, 지역특화산업, 여성유망 신직업 분야에 적합한 직업전문교육, 직무소양교육, 취업대비교육 등 종합적인 직업능력개발 교육을 실시하고 산학협력, 여성새로일하기센터를 통해 지역 일자리를 지원한다.

대학특화과정은 지역대학과 연계한 맞춤형 교육훈련을 실시하여 2008년 32개 과정 915명, 2009년 78개 과정(장애인과정 2개 포함) 1,940명이 교육을 이수하였다(<표 65> 참조).

<표 65> 사업현황

구분	사업개요
과정명	대학특화과정, 유망직종과정
과정수	총 87개(대학특화과정 78, 유망직종과정 9)
대상	대학특화: 전문대졸 이상(졸업 전 최종학년 재학생 포함) 유망직종: 교육직종 관련 전공계열 2년제 대학이상 졸업자 등
인원수	대학특화과정 1,940명, 유망직종과정 225명
교육생 모집	3월~4월
주요 교육내용	− 대학특화: 관세 및 물류산업전문가, 디지털 UI 디자인 개발인력 전문가 등 − 유망직종: 게임그래픽 전문인력, 조선·기계 CAD 전문가, RFID 생산정보화 시스템 운영자 등
교육기간	4월~9월
교육내용	직업전문교육(92시간 이상, 172시간 이상) 취업대비교육(4시간) 직무소양교육(4시간)
취업지원	교육훈련 수료 후 약 6개월까지 취업지원

자료: 여성부. 〈http://www.moge.go.kr〉.

지역사회 맞춤형사업은 2003년부터 2008년까지 총 224개 과정을 운영하여 총 6,369명이 직업교육을 수료하였고 그중 56.5%인 3,598명이 취업하였다.

3) 차세대 여성과학기술인 육성프로그램

차세대 여성과학기술인 육성프로그램(이하, WISE 사업)[52]은 교

---

52) WISE 사업은 대학과 과학기술연구소 및 관련 기업의 인적, 기술적 자원을 활용하여 수학·과학 분야에서 여학생들에게 과학적 사고와 탐구방법을 습득하도록 돕고 이공계열 여대생들의 전공능력 향상과 과학기술 분야 전공을 유지하여 이공계 전문직으로 진출할 수 있도록 돕

육과학기술부가 이공계 여대생 인재 개발을 위해 추진해 온 정책이다. 여학생들에게 역할모델이 되는 여성과학기술자의 전문지식과 가치관을 전달하고 과학기술 분야의 여성 산업인력 양성을 목표로 대학과 과학기술연구소 및 관련 기업의 인적, 기술적 자원을 활용하여 이공계열 여대생들의 전공능력 향상과 과학기술 분야 전공을 유지하여 이공계 전문직으로 진출할 수 있도록 지원한다.

WISE(Women into Science and Engineering) 사업은 여학생들의 이공계 기피현상과 같은 진로편중 문제를 개선하고 고학력 청년여성이 과학기술 분야와 지식기반산업 분야 등 다양한 직업진로 선택을 가능하게 한다. 여대생들을 과학기술 및 공학 분야 등 비전통적인 분야로 취업하도록 유도하는 것은 노동시장에서 성별직종분리를 완화한다는 점에서 그 의의를 찾을 수 있다.

WISE 프로그램은 ① Mentoring, ② Be WISE, ③ WISE action, ④ enjoy WISE로 구성되어 있다. 이 중 이공계 여대생의 진로교육 및 취업지도 역량 강화 프로그램만을 선별하면 '멘토링'과 'WISE action'이다(<표 66> 참조).

는 프로그램이다. 여성과학기술사와 여학생을 일대일 멘토－멘티 관계로 연결하여 여학생들에게 역할모델이 되는 여성과학기술자의 전문지식, 가치관을 전달하고 과학기술 분야의 여성 산업인력 양성을 목표로 2002년에 시작되어 2009년 현재 거점센터 1개(이화여자대학교), 지역센터 13개로 총 14개 대학(이화여대, 덕성여대, 신라대, 대구가톨릭대, 인하대, 조선대, 공주대, 울산대, 수원대, 연세대, 한국교원대, 전북대, 인제대, 제주대)에 WISE 센터가 운영되고 있다(여성부 홈페이지).

〈표 66〉 WISE 센터 여대생관련 프로그램

구분	프로그램명	주요활동
멘토링	e-멘토링	이공계 여성전문인의 네트워크 형성을 목적으로 사이버공간에서 진행되는 멘토링 프로그램
	대학멘토링 펠로우	이공계 전공 여대생이 전공 중심으로 경력을 개발하고 사회 진출에 성공할 수 있도록 각 대학에 멘토링 펠로우(Fellow, 여성교수)가 대학생과 졸업생 또는 전공 분야 전문가로 구성된 커뮤니티를 관리하고 멘토링을 활성화함.
	멘토와의 만남	멘토링 워크숍, 멘토특강, 현장탐방, 여성과학자 인터뷰 등
WISE ACTION	인턴십	방학을 이용하여 진출하고 싶은 과학기술 분야의 연구현장이나 과학활동 현장에서 실제적인 직무연수의 기회를 가짐.
	경력개발 아카데미 (겨울방학)	과학기술과 관련된 다양한 분야의 흐름과 특성, 직업진출을 위한 준비사항에 관하여 정보를 얻어 자신의 경력을 개발하고 리더십을 함양하여 인적 네트워크를 형성하는 기회를 지원함.
	과학실험 자원봉사단 (연구동아리)	찾아가는 실험실을 비롯한 WISE 프로그램과 대내외 과학관련 행사에서 자원봉사활동을 함으로써 전공을 심화하고 경력을 개발하며 리더십을 향상함.
	기자단	과학커뮤니케이션의 다양한 형태를 경험하고 능력을 키울 수 있도록 기자단 활동을 지원하며 예비여성과학인 사이의 인적 네트워크를 구축함.

자료: 이화여자대학교 WISE 센터. 〈http://www.wise.or.kr〉.

WISE 프로그램은 이공계 여대생의 전공 관련 경력개발을 위한 멘토링, 교육 및 취업지원, 체험기회 제공 등을 통해 이공계열의 직업 특성을 이해하고 여학생들의 다양한 경력개발 기회와 가능성을 제시하는 내용으로 구성되어 있다. WISE 사업은 여러 지방자치단체들(대구광역시, 인천광역시, 경상남도 등)이 과학기술정책의 일환으로 여대생들이 참여하는 사업을 수행하고 있다. 이 정책들은 아직 소규모이기는 하지만 지역수준의 대졸 여성과학기술인력 개발에 기여하고 있다(신선미, 2005: 12~13).

정부의 청년여성 취업정책과 사업은 그동안 법률의 마련과 개정, 여성정책담당기구의 설치, 여성발전계획의 수립, 남녀고용평등 지원조치, 지방대학 차별보완대책, 여대생 취업지원 사업을 통해 진행되어 왔고 차별개선을 통한 취업장벽 해소와 취업능력 개발 및 취업지원에 유의미하게 기여하고 있다. 하지만 노동시장의 인력 수요와 공급을 적절히 고려하지 못한 인력대책과 이중 차별구조 속에 놓여 있는 지방대 여학생의 취업특성을 구별 짓는 데는 상대적으로 소홀하였다. 앞으로 정부는 지방대 여학생이 채용시장에서 가지는 불리한 지위(위치)를 구별 짓고 불리함을 보완하는 방향에서 지방대 여학생의 취업을 지원하는 성주류화적 정책과 사업을 지속적으로 마련하고 확대해 나가야 한다.

제10장 맺음말

우리는 여학생들에게 알파걸을 이야기하고 여풍(女風)을 화제에 올리며 직장생활에서 유리천장 부수기를 가르친다. 그렇지만 지방대 여학생들은 채용 이후의 유리천장 부수기에 앞서 채용의 유리관문을 통과하는 데 많은 어려움을 겪고 있다. 지방대 여학생은 취업을 준비하고 입사를 지원하는 과정에서 눈에 보이지 않지만 선명하게 존재하는 채용의 유리장벽을 어떻게 통과해야 할지 때로는 어떻게 부숴야 할지를 고민한다. 지방대학을 나온 필자 또한 그 고민의 깊이와 음영을 경험으로 알고 이 문제를 글로 풀어 공론장에서 이야기하고 싶었다. 지금까지 지방대 여학생의 취업스펙 쌓기가 채용으로 연결되기 어려운 지방대 여학생의 취업장벽의 면면을 살펴보았다. 지방대 여학생의 취업난은 청년층이 겪고 있는 취업문제의 다양한 층과 결을 그대로 투영하면서 동시에 기업 내부의 채용 프로세스에 존재하는 젠더와 학벌에 따른 선호기제에 의해 선별되고 있다. 지방대 여학생의 취업과정을 들여다보면 취업스펙 준비, 대학의 서열효과, 기업의 채용관행, 젠더 고정관념이 중층적으로 촘촘하게 자리 잡고 있어 여학생의 취업난을 재생산하고 있다. 고등학교를 졸업한 여학생의 80% 이상이 대학에 진학하는 오늘날 청년여성의 취업 혹은 미취업의 문제는 여대생 그중에서도 특히 4년제 지방대 여학생의 취업문제로 집중된다. 그동안 지방대 여학생은 취업지원의 사각지대에 놓여 있고 정부의 여성 취업정책 대상에서도 상대적으로 소외된 집단으로 수도권대학생, 전문대학생, 지방대 남학생과 비교했을 때 취업의 양적, 질적 성과 또한 가장 낮게 나타난다. 따라서 지방대 여학생의 취업문제는 일차적으로 취업률을 높이는 것과 여학생들이 일자리 적합성을 가지면서 괜찮은 일자리에 취업하는 것이 주요한 쟁점으로 요약된다.

대학을 졸업한 청년여성의 경제활동 참가율은 꾸준히 증가하고 있다. 그러나 우리나라 여대생의 취업현실은 비정규직 비율이 높은 불안정한 종사상 지위, 특정 직종에 편중된 취업분포, 낮은 대기업 취업률, 남녀 간 임금격차라는 모습으로 나타난다. 뿐만 아니라 채용과정에서 여학생의 인적 자본요소는 충분한 선호가치로 평가받지 못하고 있으며 전공계열 편중, 인력 수요와 공급의 미스매치는 여대생의 효율적인 인력 개발과 활용에 걸림돌이 되고 있다. 여대생의 인력 활용 범위의 한정은 대학과 정부의 미흡한 취업연계 시스템과 여학생의 제한된 취업준비 분야 및 체계적인 취업준비 부족에서 그 원인을 찾을 수 있다. 또한 지방대 여학생의 취업문제는 대졸 신규 채용시장의 중층적인 취업문제를 포괄하면서 노동시장의 구조적 요인, 기업의 채용프로세스, 개인의 취업준비 특성에 따라 취업장벽의 높낮이가 변화하는 양상을 보인다. 지방대 여학생은 국가 및 지역사회의 중요한 생산 노동력이며 취업에 대한 태도 또한 적극적이다. 다만 여학생들은 취업준비 과정에서 희망하는 직업이나 직종이 다양하지 못하고 취업준비 방법이 전통적 혹은 소극적이며 졸업 후 입직하게 되는 노동시장 상황이나 희망 직업세계에 대한 인식이 막연하다는 문제들을 안고 있다. 따라서 희망하는 직장에서 요구하는 취업스펙을 쌓거나 주변의 취업자원을 효과적으로 동원하는 데 어려움이 예상되고 학교나 정부 및 지방자치단체의 충분한 취업지원 없이 개인적인 차원에서 나름의 방식으로 취업을 스스로 준비하는 모습들이 발견되었다. 현재 대학의 취업지원 활동은 인력양성에 초점을 두고 여학생의 취업준비와 취업의식 향상에 많은 비중을 두고 있다. 그러나 교육을 통해 양성된 인력의 궁극적인 목적이 일자리를 갖는 것이라는 점을 환기할 때 향후 취업연계 기능을 확충하는 다양한 취업모형 발굴이 필요하다.

지방대 여대생의 취업역량 강화와 취업연계 방안은 그동안 상대적으로 그 중요성이 간과되거나 고학력 경력단절여성, 미취업 여성 등 전체 여성의 취업문제 속에서 혹은 청년 취업의 일부로 다루어져 왔다. 그러던 것이 최근 들어 정부뿐 아니라 지방자치단체에서도 지역의 주요 현안으로 이 문제를 인식하면서 여대생의 취업준비를 돕고 취업률을 높이기 위한 지원방안과 프로그램을 마련하기 시작하였다. 여성부 및 교육과학기술부를 중심으로 추진되고 있는 정부의 여대생 취업지원 정책은 직업의식 강화, 특화된 진로개발, 실무능력 향상, 취업연계를 위한 적극적 조치의 성격을 갖는다. 여대생커리어개발센터, 지역사회맞춤형 취업지원사업(대학특화과정), 차세대 여성과학기술인 육성프로그램 등은 여학생들이 다양한 진로를 선택하고 유망직종을 발굴하며 비전통 분야로의 진출을 유도

하는 사업으로 평가할 수 있다.

지방대 여학생의 취업문제는 노동시장의 유연화, 기업의 채용규모 축소, 젠더 고정관념, 대학 서열이 취업자본의 질을 대표한다는 우리 사회의 묵시적인 동의, 산업구조의 지식정보화와 같은 채용시장의 인력수급 체계를 움직이는 변화들에 의해 많은 도전과 과제를 안고 있다.

그렇지만 지금 그리고 앞으로도 청년여성 인력은 기업의 성과를 향상시키고 기업에게 혁신적인 문제해결의 방법과 기회를 제공하는 성장 동력임에 틀림없다. 그러니 우리 모두 지방대 여학생의 취업문제를 어떻게 풀어 갈지 이제 함께 상상력을 발휘해 보자.

참고문헌

〈단행본〉

강이수·신경아. 2000. 『여성과 일』. 동녘.
김수행 역. 1989. 『자본론』 제1권(下). 비봉출판사.
심윤종·유홍준·박승희·정태인. 2003. 『산업사회학』. 경문사.
유홍준. 2000. 『직업사회학』. 경문사.
이정규. 2003. 『한국사회의 학력, 학벌주의』. 집문당.
장원섭. 1997. 『교육과 일의 사회학』. 학지사.
조우현. 1998. 『노동경제학』. 법문사.

〈학위논문〉

김선영. 2000. "대학 특성이 여대생의 취업희망직종 선택 과정에 미치는 영향", 이화여자대학교 교육학과 박사학위논문.
손은령. 2001. "여자대학생이 지각한 진로장벽", 서울대학교 교육학과 박사학위논문.
이승미. 2005. "학벌사회 결정 요인으로서의 평가", 대구교육대학교 교육대학원 석사학위논문.
정윤경. 1995. "여대생의 취업률 저조 원인에 관한 연구", 서울대학교 농업교육학과 석사학위논문.

〈연구논문〉

곽윤숙. 2006. "대졸 여성의 직업세계 이행: 저해요인과 지원체제 방안", 「진로교육연구」 제19권 2호. 한국진로교육학회.

구명숙·홍상욱. 2003. "여대생의 취업의식 및 취업준비도 실태조사", 「여성연구논집」 제14집. 신라대 여성문제연구소: 5~36.

김금숙. 2001. "고학력 여성인력의 활용과 (전문)대학 여학생들의 취업의식에 관한 연구", 「경영교육논총」 제24집. 한국경영교육학회: 1~22.

김상준. 2004. "부르디외, 콜만, 퍼트남의 사회적 자본 개념 비판", 「한국사회학」 제38권 6호: 63~95.

김종숙. 2003. "여성청년층 집단의 취업이행에서 나타난 학벌차별과 해소방안", 「여성정책포럼」 제2호. 한국여성정책연구원: 11~15.

김준영·전용석. 2003. "청년층의 노동이동과 노동시장성과에 대한 연구", 「제2회 산업·직업별 고용구조조사 및 청년패널심포지엄」. 한국고용정보원.

김태은. 2003. "비수도권 소재대학 출신자에 대한 노동시장내 차별에 관한 연구", 「제2회 산업·직업별 고용구조조사 및 청년패널심포지엄」. 한국고용정보원.

김태홍·김종숙. 2002. "여성 청년층 집단의 취업이행 형태 연구", 「한국인구학」 제25권 2호. 한국인구학회: 41~68.

김한준. 2004. "지방대학의 취업실태와 과제", 「고용동향분석」 2/4분기. 한국고용정보원: 103~130.

김현진. 2006. "고학력 여성 청년층의 노동시장 Sequence 연구", 「2005 한국의 고용구조」. 한국고용정보원: 246~283.

류장수. 2003. "노동시장과 노동자실태: 지방대학 졸업생의 노동시장 이행실태와 성과분석", 「노동경제논집」 제9권 1호. 한국노동경제학회: 171~196.

민무숙. 1996. "여자대학생의 진로결정수준과 취업전략 분석", 「학생생활연구」 제3집. 순천향대학교 학생생활연구소: 59~80.

민무숙. 2003. "대학생 여대생을 위한 진로교육 방안", 「여성진로교육학회」제3주제 발표. 한국진로교육학회: 71~107.

박거용. 2004. "대학 서열화와 학벌주의",「역사비평」여름호. 역사문제
　　　연구소: 22~43.

박기성. 2001. "한국 노동시장에서의 통계적 차별",「노동경제논집」제
　　　24권 3호. 한국노동경제학회: 1~12.

박선자·이은엽·김득성·정영숙·문소정. 2000. "여대생 취업을 위한
　　　국내 대학정책 프로그램의 비교",「여성학연구」제10권 1호. 부
　　　산대여성연구소: 1~25.

박성재. 2005. "지방대 졸업생의 노동이동과 노동시장 성과",「노동정
　　　책연구」제5권 제4호: 65~99.

손승영·조정아. 1993. "대졸 취업여성의 실태와 대책",「여성학논집」
　　　제10집. 이화여대한국여성연구소: 183~243.

신선미. 2005. "여대생커리어개발센터 표준모형 개발", 여성정책포럼
　　　11호(겨울호). 한국여성정책연구원.

심영희. 2000. "여학생 취업 활성화, 어떻게 할 것인가",「대학생활연구」
　　　제18권 1호. 한양대 학생생활상담연구소: 1~25.

안관영. 2006. "지방대학 졸업예정자들의 직업탐색활동의 변화와 성격
　　　의 영향",「경영교육논총」제41집, 한국경영교육학회: 331~350.

안재희. 2006. "대졸 여성의 취업에 대한 제도적 사회자본의 영향",「교
　　　육사회학연구」제16권 2호. 한국교육사회학회: 85~110.

어수봉. 1994. "우리나라 일궁합 실태와 노동이동",「노동경제논집」제
　　　17집 2호. 한국노동경제학회: 89~124.

어영호. 2003 "중수기업 인력부족현황과 저망",「직업과 인력개발」제
　　　6권 1호; 26~28.

오호영. 2006. "과잉교육과 청년층 노동이동",「진로지도와 노동시장
　　　이행」. 한국직업능력개발원.

이미정. 2002. "젊은 세대 고학력 여성의 노동시장 참여",「한국인구학」
　　　제25권 2호; 139~162.

이병식. 2004. "청년실업과 지방대학 졸업생의 취업문제",「도시문제」
　　　제39권(통권 423호). 대한지방행정공제회: 56~65.

임선희. 1996. "여자대학생 취업현황과 취업확대 방안",「학생생활연구」

제23집. 충남대 학생생활연구소: 10~20.

임선희·전혜영. 2004. “여자대학생의 직업세계 이행과 진로장벽”, 「교육사회학연구」 제14권 1호. 한국교육사회학회: 101~120.

장하진. 1993. “고학력 여성 취업의식연구”, 「여성과 사회」 제4집. 창작과 비평: 64~101.

제미경·박경란. 2002. “남녀대학생의 취업준비 중요성인지도 및 준비도 고찰”, 「인간환경복지연구」 제준비 중인제대 인간환경복지연구소: 97~114.

정동섭·강인철. 2007. “대기업의 지방대학 졸업생의 채용기피의 원인 규명과 지방대학의 바람직한 인재육성전략에 대한 연구”, 「인적자원관리연구」 제14권 제2호. 한국인적자원관리학회: 161~174.

조영복·곽선화. 2000. “고학력 여성 노동의 현형과 대책”, 「경영·경제연구」 제19권 1호. 부산대학교 경영·경제연구소: 335~354.

조홍석. 2006. “인재지역할당제: 헌법적 한계와 실현전제”, 「공법학연구」 제7권 제2호. 한국비교공법학회: 95~129.

정혜선. 1997. “대졸여성의 취업구조와 노동시장내의 특성”, 「동덕여성연구」 제2집. 동덕여대 한국여성연구소: 7~31.

조순경. 1998. “경제위기와 고용 정치”, 「한국여성학」 제14권 2호. 한국여성학회: 5~33.

주경미. 2000. “여대생 취업상황을 개선하기 위한 대학사회의 역할”, 「여성연구논집」 제11집. 신라대 여성문제연구소: 31~56.

차은영·유옥란. 2002. “생계비가 기혼여성의 노동시장 참가에 미치는 영향”, 「응용경제」 제4권 1호. 한국응용경제학회: 28~50.

채창균. 2002. “대학 재학생의 노동시장 이행 준비실태”, 「제1회 산업·직업별 고용구조조사 및 청년패널심포지엄」. 한국고용정보원.

최바울·김성환. 2003. “대졸자의 노동시장 이행 실태와 성과분석”, 「제2회 산업·직업별고용구조 조사 및 청년패널심포지엄」. 한국고용정보원.

최지희. 1999. 「여성 인력수급의 전망과 과제」. 한국직업능력개발원.

진수희. 1998. “여성실업의 현황과 실업대책의 영향”, 「연세여성연구」 제4집. 연세대 여성연구소: 13~35.

〈보고서 및 자료집〉

노동부. 2004. 「청년실업 원인분석보고서」.
민무숙·이수연·박성정·김혜영·김은정. 2008. 「신정부의 여성정책 비전과 전략과제」. 한국여성정책연구원.
박수경. 2006. "지역여대생의 취업현황과 취업향상 방안", 대전YWCA 제11회 여성포럼 자료집.
백성준. 2003. 「지역 인적자원개발을 위한 지방대학의 육성방안」. 한국직업능력개발원.
여성부. 2004. 「고학력 여성의 취업실태 분석 및 정책함의」.
오호영. 2006. 「대학서열과 노동시장 성과」. 한국직업능력개발원.
유경준·황수경. 2005. 「노동시장에서의 차별과 차이」. 한국개발연구원.
이성식. 2009. 「청년실업 해소를 위한 미스매치 실태조사」. 대한상공회의소.
장원섭. 2002. 「대학에서의 직업교육 활성화를 위한 멘토링 시스템 모형 개발」. 한국직업능력개발원.
장하진·강이수·김혜경·신경아. 2000. 「여대생의 직업의식 실태와 정책과제」. 노동부.
중소기업청. 2001~2008. 「중소기업 인력실태조사 보고서」.
한국여성정책연구원. 2001. 「여대생의 직업세계로의 이행을 위한 대학의 지원현황과 정책과제」.
한국청소년정책연구원. 1999. 「청소년 노동시장에 관한 연구」. 한국청소년정책연구원.
홍영란·이남철·신범석. 2002. 「기업의 직원 채용 및 승진 등에 학벌이 미치는 영향 연구」. 한국교육개발원.

〈인터넷 자료〉

강남식. 2002. "페미니즘과 성주류화 전략", <http://www.demos.or.kr>.
교육과학기술부. 2009. 9.18. "2009년 대학 졸업자 취업률 발표",

<http://www.moest.go.kr>.

국가과학기술위원회. 2009. "기초연구진흥종합계획(2008～2012)",
    <http://www.mest.go.kr>.

노동부. 2006.11. "성별·연령별 고용평등지표 관련 보고", 노동부고용
    평등심의관실.

동아일보. 2003.10.30. "취업준비생 2명 체험기, 토익－학점 비슷…명문
    대생만 통과", 31면.

동아일보. 2006.9.25. "위기의 文史哲 입사원서부터 홀대", 동아일보
    <http://www.donga.com> 인터넷판.

동아일보. 2007.8.8. "성적보다 현장 수요…서류－면접과정서 남성합격
    늘려", 동아일보 <http://www.donga.com> 인터넷판.

동아일보. 2007.8.8. "국내 대기업 30곳 중 12곳 남녀 비율 정해 놓고
    선발", 동아일보<http://www.donga.com> 인터넷판.

로앤비(법령정보시스템). <http://www.lawnb.com>.

공무원저널. 2009.2.10. "국가직 9급 출원 감소, 경쟁률은 상승", 공무원
    저널 <http://www.psnews.co.kr> 인터넷판. 제331호.

매일경제. 2004.2.6. "5급고시 20% 지방대출신 선발", <http://www.mk.
    co.kr> 인터넷판.

법무부. "사법시험 최종 합격자 발표", <http://www.moj.go.kr>.

서울신문. 2007.6.13. "행정고시에도 특목고 초강세", <http://www.seoul.
    co.kr> 인터넷판.

양희승. 2004. "청년 일자리의 질이 악화되고 있다", 「LG 주간경제」 제
    773호: 27－31. <http://www.lgeri.com>.

여성부. 2006. "Dynamic Women Korea 2010－여성인력개발 종합계획
    ('06～'10)", <http://www.moge.go.kr>.

여성부 홈페이지. <http://www.moge.go.kr>.

이화여자대학교 WISE 센터. <http://www.wise.or.kr>.

인크루트 설문조사 홈(이슈폴). <http://people.incruit.com>.

잡코리아 리서치. <http://www.jobkorea.co.kr>.

중앙인사위원회. 2007.7.31. "육아휴직제도, 2008년부터 달라지는 사항",
    <http://www.csc.go.kr>.

중앙인사위원회 홈페이지. <http://www.csc.go.kr>.

충남대학교 혁신인력개발원 취업정보. <http://cnu.njob.net>.

한겨레신문. 2003.3.23. "대졸여성 높은 취업벽 더 시린 봄", <http://www.hani.co.kr>.

한겨레신문. 2006.8.3. "대입성적 비슷한 두 대학 인문·이공계 취업 비교해 보니 전기과 연봉 918만원 많아", <http://www.hani.co.kr>.

한겨레신문. 2007.8.18. "학벌＝신분 넘기 힘든 거대한 벽", 9면.

한겨레21. 2003.7.28. "취업문을 뚫어라", <http://hanireporter.hani.co.kr> 인터넷판.

한국일보. 2003.10.28. "구직자 93% 채용때 차별 경험", 36면.

현대경제연구원(유병규·정유훈). 2009.9.4. "최근 고용 시장의 특징과 전망", 「한국경제주평: 글로벌 경제위기와 한국경제」 통권 364호. <http://hri.co.kr>.

〈통계자료〉

노동부. 「임금구조기본통계조사」. <http://www.kosis.kr>.

노동부. 노동통계정보시스템. <http://laborstat.molab.go.kr>.

주재선·이채정. 2008. 「2008 한국의 성인지통계」. 한국여성정책연구원.

통계청. 「경제활동인구연보」. 각 연도.

통계청. 1994. 「지난 30년간 고용사정의 변화」.

통계청. 「한국의 사회지표」. 각 연두.

통계청. 국가통계포털. <http://www.kosis.kr>.

한국교육개발원. 「교육통계연보」. 각 연도.

한국교육개발원. 「취업통계연보」. 각 연도.

한국교육개발원. 「취업통계분석자료집」. 각 연도.

한국교육개발원. 교육통계서비스. <http://cesi.kedi.re.kr>

한국여성정책연구원. 여성통계 DB. <http://gsis.kwdi.re.kr>.

ILO. 노동통계. <http://laborsta.ilo.org/cgi－bin/brokerv8.exe>.

OECD. 2009. 「OECD Employment Outlook 2009: Statistical Index」.

<http://www.oecd.org/dataoecd/30/33/43272221.pdf>.

UNDP. 2009. 「Human Development Report 2009」. <http://hdr.undp.org/
en/media/HDR_2009_EN_Complete.pdf>.

〈기타: 보도자료, 토론회, 기획자료 등〉

사람인 · 커리어(잡링크). 2004.8.31. 「지방대생 취업실태 조사」 보도자료.

양돌규. 2004. "대학사회의 서울중심주의; 지방대생 친구 이야기", 「당
대비평」 제27호. 생각의나무: 144~156.

양인숙 · 강민정 · 장은미. 2008. "여성친화지수 개발 및 적용방안", 「여
성친화기업 확산을 위한 정책토론회」. 한국여성정책연구원.

여성부. 2008. 「여대생커리어개발센터 활동백서」.

한국여성민우회 고용평등추진본부. 1997. "5대그룹 대졸승진실태에 관
한 토론회: 왜 차별을 이야기하는가", 한국여성정책연구원.

〈외국문헌〉

Aigner, Dennis J. and Cain, Glen G. 1977. "Statistical Theories of
Discrimination in Labor Markets", *Industrial and Labor Relations
Review* 30(2): 175 − 187.

Albert, K. A. and Luzzo, D. A. 1999. The Role of Perceived Barriers in
Career Development: A Social Cognitive Perspective. *Journal of
counseling and development* 77(4): 431 − 436.

Pollert, Anna. 1983. *Girls, Wives, Factory Lives*. London: Macmillan Press:
4 − 22. 조정아. 2000. "대졸 여성의 노동경험과 직업의식변화",
조순경 역. 「노동과 페미니즘」. 이화여자대학교출판부.

Arrow. K. J., 1973. "The Theory of Discrimination", in O. Ashenfelter
and A. Rees(eds). Discrimination in Labor Markets. Princeton
University Press: 3 − 33.

Beck, E. M., Horan, P. M. and Tolbert, C. M. 1978. "Stratification in a dual economy: a sectional model of earnings determination", *American Sociological Review* 43: 704 – 720.

Becker, Gary S. 1964. *Human Capital.* National Bureau of Economic Research. New York: Columbia University Press.

Becker, Gary S. 1971. *"The Economics of Discrimination"*, 2nd ed. Chicago: University of Chicago Press.

Bielby, W. T. and Baron, J. N. 1986. "Man and Women at Work: Sex Segregation and Statistical Discrimination", *The American Journal of Sociology* 91(4): 759 – 799.

Blau, Francine D. 1975. "Sex Segregation of Workers by Enterprise in Clerical Occupation", *In Labor Market Segmentation.* edited by Richard C. Edwards, Michael Reich, and David M. Gordon. Lexington, Mass. D. C. Heath.

Blau, Francine D. and Feber, Marinanne A. 1992. *The economics of women, men, and work.* Englewood Cliffs: Prentice – Hall. 문숙재 · 김순미 · 정순희 공역. 1994. 『여성과 남성 그리고 노동의 경제학』. 경문사.

Coate, S. and Loury, G. C. 1993. "Antidiscrimination Enforcement and the Problem of Patronization", *American Economic Review* 83: 92 – 98.

Cook, E. P. 1993. "The gendered context of life: Implications for women's and men's career life plans", *Career Development Quarterly* 41(3): 227 – 237.

Diamond. E. 1987. "Thories of Career Development and the Reality of Women at Work", *Women's Career Development.* Ch. 2. California: Sage Publication Inc.

Doeringer, Peter and Piore, Michael. 1972. *Internal Labor Markets and Manpower Analysis.* Lexington: D. C. Health.

Duncan, O. D. and Hodge, R. W. 1963. "Education and Occupational Mobility: A Regression Analysis", *The American Journal of Sociology* 68.

Finegold. 1999. "Education training and Economic Performance in

Comparative Perspective", in Flude, Mike and Sandy Sieminski. Education, *Training and the Future of Work* Ⅱ. The Open University.

Furlong, A. 1986. "Schools and the structure of female occupational aspiration", *British Journal of Sociology of Education* 7(4): 367 − 377.

Gardecki, R. and Neumark, D. 1998. "Order from Chaos? The Effects of Early Labor Market Experiences on Adult Labor Market Outcomes", *Industrial and Labor Relations Review* 51(2): 299 − 322.

Gordon, D. M., Edwards, R. C. and Reich, M. 1982. *"Segmented Work, Divided Workers: The Historical Transformation of Labor in the United States"*, Cambridge University Press.

Hanson, S. L. 1994. "Lost talent: unrealized educational aspirations and expectations among U. S. youths", *Sociology of Education* 67(3): 159 − 183.

Lee, S. H. and Brintion, M. C. 1996. Elite and education and social capital: The case of South Korea. *Sociology of Education* 69(3): 177 − 192.

Lundberg, Shelly J. and Startz, Richard. 1983. "Private Discrimination and Social Intervention in Competitive Labor Markets", *American Economic Review* 73(3) (June 1983): 340 − 347.

McDonald, Ian and Solow, Robert. 1985. "Wages and Employment in a Segmented Labour Market", *Quarterly Journal of Economics* 100(4).

Mickelson, R. A. 1992. "Why does Jane read and write so well − the anomaly of women's achievement", In *Education and Gender Equality*, edited by J. Wrigley. London: The Farmer Press.

Mincer, Jacob. 1962. "On the Job Training: Cost, Returns, and Some Implications", *The Journal of Political Economy* 70(5) (Oct 1962): 50 − 79. The University of Chicago Pres.

Mincer, J. and Polacheck, S. 1974. "Family Investments in Human Capital: Earning of Women", *The Journal of Political Economy* 82(2) (Mar − Apr 1974). The University of Chicago Press.

Norman, Peter. 2003. "Statistical Discrimination and Efficiency", *The Review of Economic Studies* 70(3) (Jul 2003). Blackwell Publishing:

615 – 627.

Phelps, Edmund S. 1972. "The Statistical Theory of Racism and Sexism", *American Economic Review* 62(4) (September 1972): 659 – 661.

Polacheck, S. W. 1987. "Occupational Segregation and the Gender Gap", Population Research and Policy Review: 47 – 67.

Shapiro, D. and Lois, B. S. 1983. "Growth in the Labor Force Attachment of Married Woman: Accounting for changes in the 1970s", *Southern Economics Journal* 50: 461 – 473.

Sokoloff, N. 1980. *Between Money and Love: The Dialectics of Women's Home and Labor Market Work.* 이효재 역. 1990. 『여성노동시장이론』. 이화여자대학교 출판부.

Spence, M. 1973. "Job Marketing Signaling", *Quartely Journal of Economics* 87.

Swanson, J. L., Daniels, K., and Tokar, D. M. 1996. Assessing perceptions of career barriers: The Career Barriers Inventory. *Journal of career assessment* 4: 219 – 244.

Weiss, Andrew. 1995. "Human Capital vs. Signaling Explanation of Wages", *Journal of Economics Perspectives* 9(4).

찾아보기

안수영
───

▌약 력

충남대학교 사회학과에서 박사학위 취득(전공: 직업사회학)
현재, 대전발전연구원 대전인적자원개발센터 연구원

한국사회의 취업장벽
– 지방대 여학생을 중심으로 –

초판인쇄 | 2010년 3월 18일
초판발행 | 2010년 3월 18일

지은이 | 안수영
펴낸이 | 채종준
펴낸곳 | 한국학술정보㈜
주 소 | 경기도 파주시 교하읍 문발리 파주출판문화정보산업단지 513-5
전 화 | 031) 908-3181(대표)
팩 스 | 031) 908-3189
홈페이지 | http://www.kstudy.com
E-mail | 출판사업부 publish@kstudy.com

등 록 | 제일산-115호(2000. 6. 19)

ISBN   978-89-268-0820-7 93330 (Paper Book)
        978-89-268-0821-4 98330 (e-Book)

내일을여는지식 은 시대와 시대의 지식을 이어 갑니다.